中国語
入門から初級の

基礎力養成講座

講読編

村松恵子・謝平 著

白帝社

本書の音声について

本書で♪マークがついた部分の中国語は、音声データ（MP3）をダウンロードして聞いてください。ファイルはZIP形式で圧縮された形でダウンロードされ、無料でご利用いただけます。

吹込：王京蒂・凌慶成

「白帝社　中国語入門から初級の基礎力養成講座講読編」で検索、
または下記サイトにアクセスしてください。
https://www.hakuteisha.co.jp/news/n50607.html

※各機器と再生ソフトに関する技術的なご質問は、各メーカーにお願いいたします。

はじめに

この『講読編』は,大学において初めて中国語を学ぶ「入門から初級」用のテキストで、週1回の授業を想定して作られています。週2回の授業が設定されている場合には、姉妹編である『会話編』とペアで学習すると、中国語の運用力を養うのにさらに効果的です。

『講読編』の学習の目的は、中国語の文の意味を、「漢字を見た感じ」でいい加減に考えようとするのではなく、必ず中国語の「文の仕組み」を意識しながら理解できるようにすることです。そしてさらに、初級レベルのまとまった文章を正確に理解できる力を養うことを目標としています。その力を付けるために、まず各課の**「表現のポイント」**で基本構文を示しています。さらに基本構文を発展させた文を、先生の解説を手掛かりとして学習者が自ら積極的に理解するために、エクササイズ(練習問題)として**トライ**と**チャレンジ**が設けてあります。

また『会話編』では、中国語の「音の仕組み」を理解できるようにすることを目的としています。その第1段階の目標は、中国語の発音のルビである「ピンイン」に慣れることです。その次の目標は、声調を伴った400余りの音節の連続がスムーズに発音でき、同時にそれを聴き取ることができる力を養うことです。その力を付けるために、各課の**「表現のポイント」**には、先生の発音を手掛かりとしてピンインを習得できるよう、学習者に訓練させるための**トレーニング**という項目が設けてあります。

そして『講読編』も『会話編』も、それぞれの**「表現のポイント」**を学んで**トライ**と**チャレンジ**、**トレーニング**を実行すれば、各課の最後にある**本文**の意味をすらすらと理解できるようになり、またすらすらと発音できるようになります。

ぜひこのテキストで中国語を学び、中級につながる「入門から初級レベルの力」を養ってください。

2023年3月

著者

目　次

導入部

＜最初に中国語の特徴を大きくつかんでいきましょう＞

1．“汉语(漢語) Hànyǔ” と “中文 Zhōngwén”
2．“普通话 pǔtōnghuà” とは
3．“繁体字 fántǐzì” と “简体字 jiǎntǐzì”
4．発音のルビ：ピンイン
5．音声の特徴
6．語彙の特徴

世界には3,000以上の言語があると言われています。みなさんはこれからその中の1つである中国語を学んでいきます。

ここではまず、中国語の特徴を大きくつかんでいきましょう。

1 “汉语(漢語) Hànyǔ”と“中文 Zhōngwén”

中国語で中国語という場合、“汉语(漢語) Hànyǔ”と“中文 Zhōngwén”という2つの言い方があります。

(1) **“汉语”**:漢民族の言語という意味。学術用語としても用いられる。

(2) **“中文”**:本来は書き言葉の中国語を意味したが、現在では書き言葉と話し言葉の区別なく中国語を指す言い方として使用されている。

☆ちなみに「中国語」という言い方は日本語です。

2 “普通话 pǔtōnghuà”とは

みなさんがこれから学んでいく中国語は **“普通话 pǔtōnghuà”** です。

中国は56の民族からなる多民族国家です。その民族全体の共通語としての中国語が“普通话”です。それは次の3つの柱でできています。

① 音声:北京語音を標準語音とする。

② 語彙:北方方言を基礎語彙とする。

③ 文法:五・四運動(1919年)以降の模範的な現代口語文の著作を規範とする。

★“普通话”は、1956年9月から小中学校で国語教育に採用されて以来、現在も中国の共通語です。

3 “繁体字 fántǐzì”と“简体字 jiǎntǐzì”

現在中国では“普通话”教育において、**“简体字 jiǎntǐzì”** という字体を採用しています。これはもともとの漢字の字体である **“繁体字 fántǐzì”** の画数を減らして簡略化した漢字です。すべての漢字を10画以内に減らすというのが“简体字 jiǎntǐzì”の目標とされました。日本語の「常用漢字」と異なるものも多いので、注意しましょう。以下に画数を減らす主な方法を示しておきます。

≪簡体字の規則と例≫

“繁体字”			“简体字”	日本語の「常用漢字」
車	①草書体の採用	→	车	車
藝	②新しい形声文字	→	艺	芸
豐	③漢字の一部分の採用	→	丰	豊
會	④俗字の採用	→	会	会

4 発音のルビ:ピンイン

1958年以降、“普通话”の発音のルビとしてローマ字表記の“拼音字母 pīnyīnzìmǔ”が用いられています。巻末に載せてある「中国語音節全表」がそれで、400余りの種類があります。

中国語の発音をマスターするためには、これらに声調(音の高低の抑揚のこと。「発音部」で詳細に説明する)を伴った正確な発音習得が必須で、「**“拼音字母”+声調符号**」を「**ピンイン**」と呼んでいます。

5 音声の特徴

中国語は「声調言語“Tone Language”」です。みなさんが日常使っている日本語と、既習外国語である英語と比較しながら、中国語の音声的特徴を理解していきましょう。

① 日本語：各音節の音の相対的な高低によって、意味を区別する言語。
（例）かき（牡蠣）／ かき（柿）　あし（葦）／ あし（足）

② 英　語：アクセントの位置によって意味を区別する言語。
（例）“ecónomy（名詞）”／“económic（形容詞）”

③ 中国語：漢字１つ１つが基本的に１つ決まった声調（高低の抑揚）を持っており、それによって意味を区別する言語。“普通话”には４種類の声調（四声）がある。

（例）	猫	毛	昴	贸
	māo	máo	mǎo	mào
	（第一声）	（第二声）	（第三声）	（第四声）

6 語彙の特徴

中国語は「孤立語」です。

言語学に、語彙の構成に基づいて言語を分類するという考え方があります。この考え方によると、言語は３つのタイプに分けることができます。それは次の①「屈折語」、②「膠着語（こうちゃくご）」、③「孤立語」です。

① **屈折語**：英語など。語の語形変化などによって語の内部の構造を変え、それによって文法関係が表現される言語のこと。

② **膠着語**：日本語など。自立語（実質的な意味を表す語）に日本語の助詞などのような付属語をくっつけたり、動詞や形容詞の活用によって文法関係を表現する言語のこと。

③ **孤立語**：**中国語など**。中国語のように語の語形変化がなく、また動詞や形容詞の活用もなく、語彙に文法関係が含まれていない言語のこと。

このように、みなさんが中学、高校などですでに学んできた英語と、日常使っている日本語に加えて、さらに中国語を学ぶことによって、**語彙の構成からみた世界の主な３つのタイプの言語を学ぶ**ことができるのです。

以下では、「発音部」において中国語の発音の特徴について学び、続いて「表現部」において中国語の表現形式を学んでいきましょう。

発音部

＜ここでは“**普通话 pǔtōnghuà**”の発音の特徴について学んでいきます＞

音の仕組み 1　声　調

♪ A02

1 声　調

＜四声の高低の抑揚のモデル＞

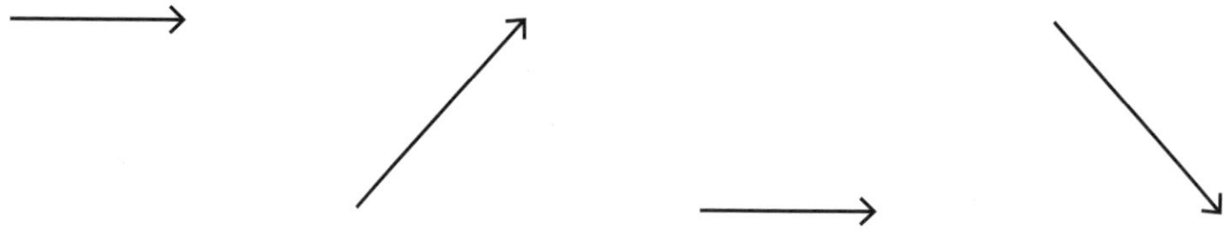

āi	ái	ǎi	ài
(哀)	(癌)	(矮)	(爱)
第一声	第二声	第三声	第四声

1．**音節**：中国語の1つの漢字は、ひとまとまりの音で発音されます。ひとまとまりで発音される音の単位を「**音節**」と言います。

中国語の漢字は音節文字 ＝ 一漢字が一音節、二漢字は二音節。

2．**声調**：中国語の漢字の1つ1つの音は、それぞれ基本的に1つの決まった音の高低の抑揚をもっています。この音の高低の抑揚のことを「**声調**」と言います。

★声調は意味を区別するための役割を果たしています。

3．**四声**：“普通话”には4種類の声調があります。これを「**四声**(しせい)」と言います。

＜漢字の例＞　哩(lī)　离(lí)　礼(lǐ)　力(lì)
　　　　　　　猫(māo)　毛(máo)　昴(mǎo)　贸(mào)

＜声調のポイント＞

1．中国語の漢字1つ1つには基本的に1つの決まった声調（高低の抑揚）がある。

2．**「声調」は意味を区別するという役割を果たしている。**

⇒同じ音でも声調が違えば意味が異なる。

3．“普通话”には4種類の声調(四声）がある。

2　四声のモデルのまとめと発音の特徴

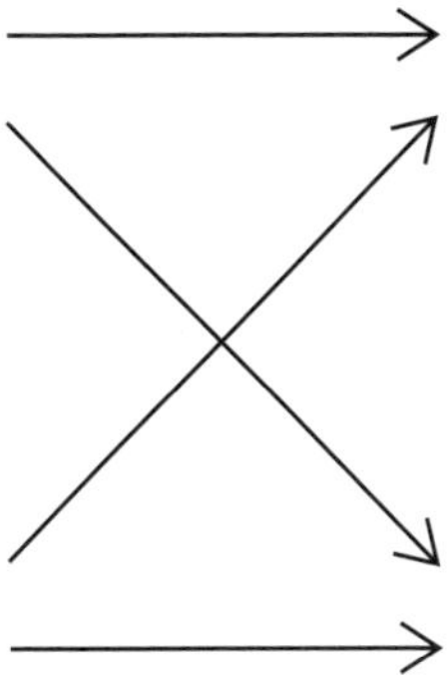

第一声 ： 高く平らな調子
第二声 ： 急激に上昇する調子
第四声 ： 急激に下降する調子
第三声 ： 低く抑える調子

3　四声の発音のコツ

第一声：自分の声域の高い音を長くまっすぐ伸ばすように出す。
第二声：自分の声域の中低位の高さから始まり、最後の音を急激に上昇させる。
第三声：自分の声域の一番低い音を低く抑えて出す(第一声と対称的)。
第四声：自分の声域の高い音から始まり、最後の音を急激に下降させる(第二声と対称的)。

♪ A03

トライ！　四声の練習：先生のあとについて発音してみよう。

	第一声	第二声	第三声	第四声
①	ā	á	ǎ	à
②	āi	ái	ǎi	ài
③	yī	yí	yǐ	yì
④	wū	wú	wǔ	wù
⑤	lī	lí	lǐ	lì
⑥	māo	máo	mǎo	mào

＜声調符号の付け方＞　母音の上に付けます。

具体的には以下のようになります。

1．母音が1つのときはその上に付ける。　例：lì(力)

2．母音が2つ以上のときの母音の優先順位

① a　例：māo(猫)

② e か o　例：bié(別)、duō(多)

③ i と u が併存するときは後ろの母音　例：diū(丢)、duì(対)

4　声調の組み合わせ

中国語のリズムの単位は二音節です。つまり中国語を発音するとき、2つの音のつながりのリズムをつかむことが大切だということです。

＜四声の組み合わせ＞

前＼後	第一声	第二声	第三声	第四声
第一声	māomāo	māomáo	māomǎo	**māomào**
第二声	máomāo	máomáo	máomǎo	**máomào**
第三声	mǎomāo	**mǎomáo**	**mǎomǎo**	mǎomào
第四声	màomāo	**màomáo**	**màomǎo**	màomào

♪ A04

トライ！　先生のあとについて、上記の表の16通りのリズムを発音してみよう。
（特に6つの太字の組み合わせのリズムに注意しましょう。）

♪ A05

チャレンジ！　先生の発音を聴いて、漢字の下のピンインに声調符号を付け、第何声か書いてみよう。

① 日　本
Ri ben
（第______声＋第______声）

② 中　国
Zhong guo
（第______声＋第______声）

③ 世　界
shi jie
（第______声＋第______声）

④ 和　平
he ping
（第______声＋第______声）

⑤ 大　学
da xue
（第______声＋第______声）

⑥ 学　校
xue xiao
（第　　声＋第______声）

⑦ 老　师
lao shi
（第______声＋第______声）

⑧ 交　通
jiao tong
（第______声＋第______声）

⑨ 八　百
ba bai
（第______声＋第______声）

音の仕組み 2　音節の構造

1　一音節の構造

一漢字(＝ 一音節) の音の表記 ＝ [　声母　＋　韻母　] × 声調

例 「猫」＝ māo　＝ [m(声母) ＋ ao (韻母)] × 第一声(声調)

1．声母　　　：音を産み出す部分。21 種類ある。
2．韻母　　　：音色を産み出す部分。37 種類ある。
3．音節の種類：400 余りの種類がある。

★巻末の「中国語音節全表」で確認しよう。

2　一音節の全体像

音節の全体像をいくつかの漢字の例で見ていきましょう。

♪ A06

音節／語例	声母	韻母			声調
		介母	主母音	韻尾	
安(ān)			a	n	第一声
别(bié)	b	i	e		第二声
猫(māo)	m		a	o	第一声
川(chuān)	ch	u	a	n	第一声
火(huǒ)	h	u	o		第三声
量(liàng)	l	i	a	ng	第四声

★巻末の「中国語音節全表」で確認しよう。

音の仕組み 3　声母

1　21 種類の声母のまとめ （声母＝音を産み出す部分）

調音方法 / 調音点	閉鎖	破裂	閉擦	破擦	摩擦	鼻腔	側面	音節全表番号
	無気	有気	無気	有気				
上唇と下唇	b[ṗ]	p[p‘]				m[m]		①
上歯と下唇					f[f]			①
上歯茎と前舌	d[ṭ]	t[t‘]				n[n]	l[l]	②
軟口蓋と舌根	g[k̇]	k[k‘]			h[ɦ]			③
歯茎硬口蓋と前舌			j[ṭɕ]	q[tɕ‘]	x[ɕ]			④
上顎と舌側面			zh[ṭʂ]	ch[tʂ‘]	sh[ʂ]		r[ɽ]	⑤
上歯裏と舌先			z[ṭs]	c[ts‘]	s[s]			⑥

★巻末の「中国語音節全表」で確認しよう。

2　無気音と有気音

音節全表の番号	①	②	③	④	⑤	⑥
無気音	b	d	g	j	zh	z
有気音	p	t	k	q	ch	c

1．中国語の中で意味を区別するために対になっている音。
2．これは声母の表記で区別し、6 組の対のペアがある。
3．この声母の6組をペアでしっかり覚えることが重要！

★巻末の「中国語音節全表」で確認しよう。

発音のコツ

無気音＝ b o（∨）　ほぼ同時に音を作る

有気音＝ p o（∧）　呼気の摩擦（かすれ）を作る

★無気音と有気音は音の強弱の対立ではありません。音の強さは同じです。

♪ A07　トライ！　先生のあとについて発音してみよう。

無気音： bà(爸)　dī(低)　gāi(该)　jī(机)　zhōng(中)　zū(租)
有気音： pà(怕)　tī(梯)　kāi(开)　qī(七)　chōng(充)　cū(粗)

♪ A08　チャレンジ！　無気音と有気音の組み合わせを、先生のあとについて発音してみよう。

pǎobù
跑步（ジョギング（する））

diàntái
电台（放送局）

gùkè
顾客（顧客）

qījiān
期间（期間）

chēzhàn
车站（駅、バス停）

zǎocān
早餐（朝食）

3 /zh/、/ch/、/sh/、/r/ の発音 （音節全表⑤の音）

発音のコツ①（/zh/ と /ch/ の発音）

/zh/ ＝ 無気音。日本語の拗音の「チャ、チュ、チョ」に近い音。

/ch/ ＝ 有気音。/ch/ と母音の間に呼気の摩擦（かすれ）を作る。

♪ A09-1

トライ1 先生のあとについて発音してみよう。

無気音：zhā（渣） zhú（竹） zhǔ（主） zhè（这）

有気音：chā（插） chú（除） chǔ（楚） chè（彻）

♪ A09-2

チャレンジ1 無気音と有気音の組み合わせを、先生のあとについて発音してみよう。

zhézhǐ	zhùchù	chúnzhēn	chāocháng
折纸（折り紙 を折る））	住处（住まい、住所）	纯真（純真（である））	超常（通常を超える）

発音のコツ②（/sh/ と /r/ の発音）

/sh/ ＝ 日本語の拗音の「シャ、シュ、ショ」に近い音。

/r/ ＝ /sh/ の濁音のような音。

♪ A10-1

トライ2 先生のあとについて発音してみよう。

shā（砂） shú（熟） shǔ（暑） shè（社）

rāng（嚷） rú（如） rǔ（乳） rè（热）

♪ A10-2

チャレンジ2 二音節の単語を、先生のあとについて発音してみよう。

shíshī	shírì	rèshuǐ	rìlì
实施（実施（する））	时日（時間と期日）	热水（お湯）	日历（カレンダー）

4 /z/、/c/ の発音（音節全表⑥の音）

発音のコツ

/z/ ＝ 無気音。日本語の「ツ」に近い音。

/c/ ＝ 有気音。/c/ と母音の間に呼気の摩擦（かすれ）を作る。

♪ A11-1

トライ 先生のあとについて発音してみよう。

無気音：zū（租） zán（咱） zǎi（宰） zòu（奏）

有気音：cū（粗） cán（残） cǎi（彩） còu（凑）

♪ A11-2

チャレンジ 無気音と有気音の組み合わせを、先生のあとについて発音してみよう。

Zàngzú	zǎocān	cāozòng	Cáo Cāo
藏族（チベット族）	早餐（朝食）	操纵（操縦する）	曹操（曹操）

5 その他の声母

♪ A12

1．摩擦音

/f/　発音のコツ：英語の “f” と全く同じ音。

トライ1　**先生のあとについて発音してみよう。**

fēi(飞)　fá(罚)　fǒu(否)　fù(富)

/h/　発音のコツ：喉の一番奥で息を強く摩擦させて出す音。

トライ2　**先生のあとについて発音してみよう。**

hā(哈)　hú(湖)　hǎn(喊)　huò(或)

/x/　発音のコツ：/xi/ は日本語の「シ」とほとんど同じ音。

トライ3　**先生のあとについて発音してみよう。**

xī(吸)　xí(习)　xiě(写)　xià(下)

/s/　発音のコツ：/sa/、/su/ はそれぞれ日本語の「サ」、「ス」とほぼ同じ音。

トライ4　**先生のあとについて発音してみよう。**

sā(撒)　sú(俗)　sài(赛)　sù(素)

♪ A13

2．鼻音

/m/　発音のコツ：日本語のマ行よりももっと強く上唇と下唇をしっかりと合わせてから開放して出す音。

トライ1　**先生のあとについて発音してみよう。**

mā(妈)　mó(模)　mǐ(米)　mù(木)

/n/　発音のコツ：日本のナ行と同じ音。

トライ2　**先生のあとについて発音してみよう。**

nī(妮)　ná(拿)　nǔ(努)　nài(耐)

♪ A14

3．側面音

/l/　発音のコツ：英語の “l” と全く同じ音。

トライ！　**先生のあとについて発音してみよう。**

lēi(勒)　luó(逻)　lǐ(礼)　là(辣)

チャレンジ！　**先生のあとについて発音してみよう。**

lù(路) — rù(入)　lán(蓝) — rán(燃)

音の仕組み 4　韻　母

1　韻母の仕組み

「韻母」（音色を産み出す部分）＝「介母＋主母音＋韻尾」（⇒音の仕組み 2 の2を参照）

1．介母＝声母と主母音のわたりの音
2．主母音＝韻母の中核をなす音色の中心の音
3．韻尾＝韻母の末尾の成分

2　基本母音（6 種類）

6 種類の基本母音（a、o、e、i、u、ü）の発音のコツ

1．/a/ ＝日本語の「ア」より大きく口を開ける。

♪ A15

トライ！　先生のあとについて発音してみよう。

mā（妈）　ná（拿）　fǎ（法）　là（辣）

2．/o/ ＝日本語の「オ」より唇に力を入れて丸める。

♪ A16

トライ！　先生のあとについて発音してみよう。

bō（波）　fó（佛）　mǒ（抹）　pò（破）

3．/e/ ＝ 3 種類ある

① 日本語の「エ」と同じ音⇒音節全表（1）枠の ei、（2）枠の ie、（4）枠の üe

♪ A17

トライ 1　先生のあとについて発音してみよう。

bēi（杯）　léi（雷）　xiě（写）　lüè（略）

② 日本語の「ア」と「エ」の間の音で、「エ」に近い⇒音節全表（1）枠の en

♪ A18

トライ 2　先生のあとについて発音してみよう。

sēn（森）　mén（门）　hěn（很）　fèn（奋）

③ 日本語の「ウ」と「オ」の間の音で、「オ」に近い
⇒音節全表（1）枠の e、er、eng、（3）枠の ueng

♪ A19

チャレンジ　先生のあとについて発音してみよう。

hē（喝）　néng（能）　lěng（冷）　èr（二）　wēng（翁）

4. /i/ = 3種類ある

① 日本語の「イ」に近い音⇒音節全表(1) 枠の -i(= zhi、chi、shi、ri)

♪ A20

トライ1 先生のあとについて発音してみよう。

zhī(知)　chí(持)　shǐ(始)　rì(日)

② 日本語の「イ」と同じ⇒音節全表(2) 枠の i

♪ A21

トライ2 先生のあとについて発音してみよう。

dī(低)　xí(席)　nǐ(你)　lì(力)

③ 日本語の「イ」のかまえで「ウ」と出す⇒音節全表(1) 枠の zi, ci, si

♪ A22

チャレンジ! 先生のあとについて発音してみよう。

zī(资)　cí(辞)　sǐ(死)　sì(四)

5. /u/ = 日本語の「ウ」よりも口を丸めて前に突き出し、のどの奥で発音する。
⇒音節全表(3) 枠の u

♪ A23

トライ! 先生のあとについて発音してみよう。

gū(姑)　hú(湖)　nǔ(努)　lù(路)

6. /ü/ = ウムラウト。日本語の「ユ」の口のかまえで「イ」と出す⇒音節全表の(4) 枠の音

♪ A24

チャレンジ! 先生のあとについて発音してみよう。

yū(迂)	yú(于)	yǔ(雨)	yù(遇)
	lǘ (驴)	nǚ(女)	lǜ (绿)
xū(须)	jú (菊)	xǔ(许)	qù(去)

★ /ü/ の“拼音字母”の表記上の注意

1. 声母なしで、韻母だけのときの表記 ⇒ yu
2. 声母が“n”と“l”のときの表記 ⇒ nü、lü
3. 声母が“j”、“q”、“x”のときの表記 ⇒ ju、qu、xu

3 二重母音と三重母音

発音のコツ：母音はいくつあっても１つ１つ丁寧に発音することが重要。

１. 二重母音：母音が２つのもの。

♪ A25 トライ！ 先生のあとについて発音してみよう。

jiā（家）　guā（瓜）　dōu（都）　duō（多）

２. 三重母音：母音が３つのもの。

♪ A26 チャレンジ！ 先生のあとについて発音してみよう。

huái（怀）　xiào（笑）

4 介　母

「介母」とは、「声母と韻母のわたりの音」という意味で、/i/、/u/、/ü/ の３種類ある。

発音のコツ：３つの介母（i、u、ü）は、主母音に負けないくらいしっかりはっきりと出す。

♪ A27 トライ！ 先生のあとについて発音してみよう。

xiè（谢）　guàn（惯）　xuǎn（选）

5 韻尾 -n と -ng

・韻尾 -n と -ng は、それだけで発音されることはない。
・中国語母語話者は、韻尾の音が -n か -ng であるかは、-n または -ng の前に来る母音の音の違いによって区別している。
・したがって、学習者は -n と -ng そのものを区別することに神経質になる必要はない。

♪ A28 トライ！ 先生のあとについて発音してみよう。

fàn（饭）—— fàng（放）
yīn（音）—— yīng（英）

♪ A29 チャレンジ！ 先生のあとについて発音してみよう。

jiān（间）—— jiāng（江）
liǎn（脸）—— liǎng（两）

♪ A30

6 “儿化音”＝これは北京語特有の音声現象。

“普通话 pǔtōnghuà” は北京語音が音声面での標準音となっており、また北方の語彙が基礎語彙となっているため、韻尾が “儿化” した語彙が使用されることがある。

＜表記と音声上の特徴＞

・表記上の特徴：漢字の末尾に “儿”、ピンインの韻尾に r を付加する。

・音声的特徴　：韻尾のところで舌を素早く上顎にそり上げる。

1．韻尾に r を付加するもの。

（猫）māo　→　（猫儿）māor

2．韻尾の -i、-n が脱落するもの。

（小孩）xiǎohái　→　（小孩儿）xiǎoháir　→　xiǎohá[i]r

（玩）　wán　→　（玩儿）　wánr　→　wá[n]r

3．韻尾の -i、-n が脱落して、主母音が復活するもの。

（一会）yíhuì　→　（一会儿）yíhuìr　→　yíhuẹr

4．韻尾の -ng が脱落して、鼻音化するもの。

（花瓶）huāpíng　→　（花瓶儿）huāpíngr　→　huāpí[ng]r

音の仕組み 5　軽声と声調変化

1 軽　声

「軽声」とは　1．声調を持たない音節のこと。⇒**声調符号を付けない。**
　　　　　　　2．通常、声調のある音節よりも**弱く短く**発音される。
　　　　　　　3．語彙的軽声と文法的軽声がある。

発音のコツ

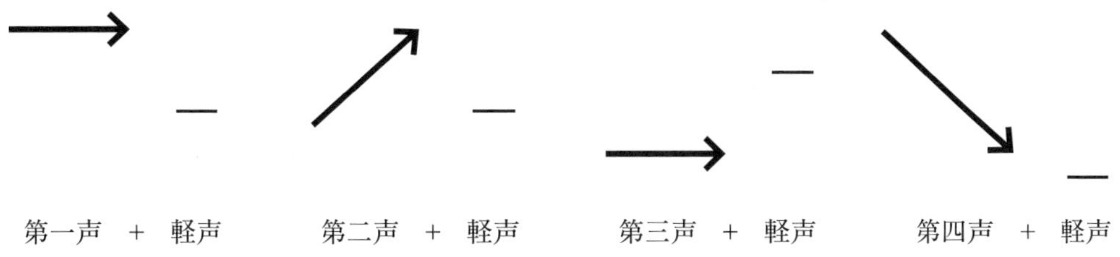

1．第一声／第二声／第四声　+　軽声　= 軽声は低く発音する
2．**第三声　+　軽声**　= **軽声は第三声より高く発音する**

♪ A31

トライ！　先生のあとについて発音してみよう。

語彙的軽声：	māma 妈妈(お母さん)	pútao 葡萄(ぶどう)	yǐzi 椅子(いす)	yìsi 意思(意味)
文法的軽声：	tā ne? 他呢？(彼は？)	xuéguo 学过(学んだ)	wǒ de 我的(私のもの)	kànkan 看看(ちょっと見る)

♪ A32

チャレンジ！　先生のあとについて発音してみよう。

大意 dàyì　(あらまし)　　地方 dìfāng　(地方)
大意 dàyi　(不注意である)　　地方 dìfang　(ところ、場所)

2 声調の変化　(固有の声調の法則的な変調)

1．第三声の連続　=　第三声が連続すると、前の第三声が第二声に変調。

♪ A33

トライ！　先生のあとについて発音してみよう。

語彙例：　语法　　　　　　　　　　语法
　　　　　yǔfǎ　　⇒（実際の発音）　yúfǎ
　　　　　第三声＋第三声　⇒　**第二声**＋第三声

表現例：　很　好　　　　　　　　　很　好
　　　　　hěn　hǎo　⇒（実際の発音）hén　hǎo
　　　　　第三声＋第三声　⇒　**第二声**＋第三声

2．数字“一(yī)”の変調 ＝“一”はもともと第一声。

① 序数をあらわすときはそのまま。

♪ A34

トライ1 先生のあとについて発音してみよう。

yī yuè（一月） yī hào（一号）

② “一”の後ろが一声、第二声、第三声の場合は、第四声に変調。

♪ A35

トライ2 先生のあとについて発音してみよう。

yìshēng（一生） yìtóng（一同） yìbǎi（一百）

③ “一”の後ろが第四声の場合には、第二声に変調。

♪ A36

トライ3 先生のあとについて発音してみよう。

yíwàn（一万） yí cì（一次）

3.“不(bù)”の変調＝“不”はもともと第四声。後ろが第四声の場合には“不”は第二声に変調。

♪ A37

トライ！ 先生のあとについて発音してみよう。

不 多　不 学　不 好　不 去

bù duō　bù xué　bù hǎo　bú qù（第二声＋第四声）

★総復習(四声と軽声の組み合わせ練習) ★中国語のリズムはこの20通りの組み合わせの連続。

前＼後	第一声	第二声	第三声	第四声	軽声
第一声	māomāo	māomáo	māomǎo	māomào	māomao
第二声	máomāo	máomáo	máomǎo	máomào	máomao
第三声	mǎomāo	mǎomáo	mǎomǎo	mǎomào	mǎomao
第四声	màomāo	màomáo	màomǎo	màomào	màomao

☆入門の段階の発音の目標

(1) 400余りの種類の音節がそれぞれ声調を伴って正確に発音できる。

(2) 音節が連続した場合にもスムーズにリズムを作ることができる。

♪ A38

チャレンジ！ 発音部に出てきた単語を先生のあとについて発音し、ピンインを総合的に復習してみよう。

	第一声	第二声	第三声	第四声	軽声
第一声	交通(jiāotōng)	中国(Zhōngguó)	八百(bābǎi)	车站(chēzhàn)	妈妈(māma)
第二声	纯真(chúnzhēn)	和平(hépíng)	折纸(zhézhǐ)	学校(xuéxiào)	葡萄(pútao)
第三声	早餐(zǎocān)	小孩(xiǎohái)	语法(yǔfǎ)	跑步(pǎobù)	椅子(yǐzi)
第四声	地方(dìfāng)	大学(dàxué)	日本(Rìběn)	世界(shìjiè)	意思(yìsi)

音の仕組み 6　中国語音節全表

★最後に、巻末の「中国語音節全表」の仕組みについて、以下にまとめておきます。

1．表の左上：縦に「声母」＝ 21 種類
表の左上：横に「韻母」＝ 37 種類
☆声母と韻母の組み合わせは全部で 400 余りの種類
☆表の空欄は、声母と韻母の組み合わせのないもの

2．韻母の(1)枠～(4)枠の分け方＝介母(声母と韻母のわたりの音）による
(1)枠→介母＝ゼロ
(2)枠→介母＝ /i/
(3)枠→介母＝ /u/
(4)枠→介母＝ /ü/

3．声母ゼロの韻母のピンイン字母表記⇒音節全表の上から三段目の表記。
(1)枠＝韻母の表記のみ
(2)枠＝母音が i だけのもの(i、in、ing）はその前に y を付ける。
複数母音のものは i を y に変える
(3)枠＝母音が u だけのものはその前に w を付ける。
複数母音のものは u を w に変える
(4)枠＝母音の ü を yu と表記する

中国語の発音習得のポイント

1．中国語の漢字音の持つ「声調」が意味を区別するための手段であるということをきちんと理解すること。

2．中国語の漢字の音を覚えるときには**「ピンイン＝ピンイン字母＋声調」**であると覚えておくこと。

3．中国語の漢字の音を発音するときには、日本語の漢字の音読みに引きずられたり、代用したりしようとしないこと。

[解説]
日本語は、中国で生み出された漢字という文字を借用文字として定着させました。その際、中国語の音を「音読み」という方法で日本語に定着させ(山＝サン）、また漢字と概念が一致する大和言葉を「訓読み」として漢字に当てました(山＝やま)。
しかし日本語の漢字音には「声調」はありません。したがって**日本語母語話者が中国語を学習する際、まず「声調」についてしっかり理解することが重要**です。
また、音節の構成も日本語と中国語は全く異なります。したがって、**中国語を発音するとき、日本語の漢字の音読みに引きずられたり、代用したりしない**ように心掛けることが非常に重要です。

表 現 部

ここから中国語の表現を学んでいきます。表現を学びながら、「発音部」で学んだことを実践していき、生きた中国語を身につけましょう。

表現部を理解するための準備

♪ A39 Ⅰ 簡単な表現の発音練習―基本的なあいさつ表現

「発音部」で学んだ中国語の発音を、あいさつ表現で練習してみよう。

1．Nǐ hǎo!
你　好!

Nín hǎo!
您　好!
（こんにちは。）

Dàjiā hǎo!
大家　好!
（みなさんこんにちは。）

2．Zǎoshang hǎo!
早上　好!
（おはようございます！）

Wǎnshang hǎo!
晚上　好!
（こんばんは。）

3．Xièxie.
甲：谢谢。
（ありがとう。）

Bú kèqi.
乙：不　客气。
（どういたしまして。）

4．Duìbuqǐ.
甲：对不起。
（すみません。）

Méi shénme.
乙：没　什么。
（何でもありません。）

5．Zàijiàn.
甲：再见。
（さようなら。）

Zàijiàn.
乙：再见。
（さようなら。）

6．Chūcì jiànmiàn.　（初めまして。）
初次　见面。

7．Rènshi nǐ hěn gāoxìng.　（あなたと知り合って、とてもうれしいです。）
认识　你 很　高兴。

8．Qǐng duō guānzhào.　（どうぞよろしくお願いします。）
请　多　关照。

Ⅱ 中国語の基本文型─4 つ

中国語の基本文型は 4 つです。ただし、英語とは全く異なるので、注意しましょう。

(1) 英語と中国語の文のとらえ方の違い

① 英語：英語の授業では基本 5 文型をいうのを習いましたね。基本的に英語の文はこの 5 つの文型のどれかに当てはめることができます。

1．	SV	（主語＋動詞）	She goes to school.
2．	SVC	（主語＋動詞＋補語）	I am a student.
3．	SVO	（主語＋動詞＋目的語）	She has a lot of apples.
4．	SVOO	（主語＋動詞＋間接目的語＋直接目的語）	He teaches us English.
5．	SVOC	（主語＋動詞＋目的語＋補語）	She keeps the kitchen clean.

これを見て分かるように、英語は（命令文を除いて）どの文にも「**主語**と**動詞**」が必要です。そして英語の主語には主格が用いられます。代名詞の“I”、“you”、“he”、“she”などがそれです。さらに、主語が動詞の形を決めています。このような動詞を「述語動詞」と呼んでいます。

つまり英語は基本的にすべて「主語＋述語動詞」の文で、主格である主語によって述語動詞の形が決まる文なのです。

② **中国語**：中国語の語彙には、語形変化などというものは一切ありません。したがって、語形による主格などというものもありませんし、述語動詞の語形を決定する**主語というものも存在しません**。

では、中国語の文の構造はどのように理解したらよいでしょうか。

★中国語の文の捉え方の大きな特徴 ⇒ それは「**主題＋述部**」という構造です。

- 「**主題**」とは、「何について話しているのか」の「何」にあたるもの
- 「**述部**」とは、「何」について「述べている部分」
- 「**述語**」とは、「述部」の中心となる主要成分（名詞、形容詞、動詞がある）

↓ ↓

この捉え方をしっかりとつかんでおきましょう。

英語の文　：主語＋述語動詞

中国語の文：主題＋述部

(2) 中国語の 4 つの基本文型

中国語の基本文型は次の 4 つです。

1．主題(X) ハ／ガ　＋　<u>述部(Y) デアル</u>
　　述部の主要成分である「述語」が名詞のもの　＝名詞述語文

2．主題(X) ハ／ガ　＋　<u>述部(Y) ダ</u>
　　述部の主要成分である「述語」が形容詞のもの＝形容詞述語文

3．主題(X) ハ／ガ　＋　<u>述部(Y) スル</u>
　　述部の主要成分である「述語」が動詞のもの　＝動詞述語文

4．大主題(X) ハ　＋　<u>述部(Z ＋ Y) ダ</u>
　　述部が「主題(Z)ガ＋述部(Y)ダ」のもの　＝大主題述部文

☆「入門」の段階から、中国語の文を上記の１～４のどれにあたるのか考えながら、学習していくことが重要！

☆「漢字を見た感じ」で中国語の文の意味を考えようとしないこと！

(3) 単文レベルの 4 つの基本文型の表現例

以下で、4 つの基本文型を一番単純な例文で具体的に示します。

1．名詞述語文＝(述部の中心となる述語が名詞)

		主題(X)ハ／ガ	述部(Y)デアル			
			是 shì	述語名詞		
基本型		我 Wǒ	是 shì	**大学生** dàxuéshēng	。 .	私は大学生です。
否定型		我 Wǒ	不 是 bú shì	**大学生** dàxuéshēng	。 .	私は大学生ではありません。
疑問型	“吗” 疑問型	你 Nǐ	是 shì	**大学生** dàxuéshēng	吗? ma?	あなたは大学生ですか。
	反復疑問型	你 Nǐ	是 不 是 shì bu shì	**大学生** dàxuéshēng	? ?	あなたは大学生ですか。
	疑問詞疑問型	你 Nǐ	是 shì	谁 shéi	? ?	あなたは誰ですか。

2．形容詞述語文＝（述部の中心となる述語が形容詞）

		主題(X)ハ/ガ	述部(Y)ダ		
			述語形容詞		
基本型		我 Wǒ	(很)　忙 (hěn)　máng	。 .	私は（とても）忙しいです。
否定型		我 Wǒ	不　忙 bù　máng	。 .	私は忙しくありません。
疑問型	“吗”疑問型	你 Nǐ	忙 máng	吗? ma?	あなたは忙しいですか。
	反復疑問型	你 Nǐ	忙　不　忙 máng　bu　máng	? ?	あなたは忙しいですか。
	疑問詞疑問型	你 Nǐ	怎么样 zěnmeyàng	? ?	あなたはどうですか。

3．動詞述語文＝（述部の中心となる述語が動詞）

		主題(X)ハ/ガ	述部(Y)スル			
			述語動詞	目的語		
基本型		我 Wǒ	学习 xuéxí	汉语 Hànyǔ	。 .	私は中国語を勉強します。
否定型		我 Wǒ	不　学习 bù　xuéxí	汉语 Hànyǔ	。 .	私は中国語を勉強しません。
疑問型	“吗”疑問型	你 Nǐ	学习 xuéxí	汉语 Hànyǔ	吗? ma?	あなたは中国語を勉強しますか。
	反復疑問型	你 Nǐ	学习　不　学习 xuéxí　bu　xuéxí	汉语 Hànyǔ	? ?	あなたは中国語を勉強しますか。
	疑問詞疑問型	你 Nǐ	学习 xuéxí	什么 shénme	? ?	あなたは何を勉強しますか。

4．大主題述部文＝大主題（X）ハ＋述部（主題（Z）ガ＋述部（Y）ダ）

Jīntiān　tiānqì　hěn　hǎo.
今天　｛天气　很　好｝。
大主題　↓　述部　↓
主題　述部
（今日ハ　天気ガ　とてもいい。）
Xハ　Zガ　Yダ

Běijīng　dōngtiān　hěn　lěng.
北京　｛冬天　很　冷｝。
大主題　↓　述部　↓
主題　述部
（北京ハ　冬ガ　とても寒い。）
Xハ　Zガ　Yダ

Ⅲ 情報伝達構造から見た「中国語の文の語順三原則」

情報伝達構造という観点から、中国語の文の語順には以下の３つの特徴があります。これを「中国語の文の語順三原則」として把握しておきましょう。

原則１：中国語の文の基本的語順＝ 主題＋述部

これについてはすでにⅡで説明した通りです。

原則２：中国語の文の「主題」部分の条件＝ 既知の情報

中国語の文の「主題(＝文頭部分)」は「既知の情報」でなければなりません。「既知の情報」とは、「話し手と聞き手の両方がすでに知っている、すでに分かっているヒト・モノ・コト」です。

主題(＝文頭) ⇒「既知の情報」 ＝話し手と聞き手の両方がすでに知っている、すでに分かっているヒト・モノ・コト。

Wǒ yǒu yíge mèimei.
我 有 **一个 妹妹。**
主題 述部
[私には] [いる] [一人の妹が]
(➢ 第７課ポイント1)

Qiánmiàn láile yí liàng chē.
前面 来了 **一 辆 车。**
主題 述部
[前から] [来た] [一台の車が]
(➢ 第 13 課ポイント3)

☆太字の部分は未知の情報。

原則３：修飾語(説明する語) と被修飾語(説明される語) の語順＝ 修飾語＋被修飾語

① 連体修飾の例

Hànyǔ kèběn
汉语 课本
[中国語の] [教科書]

wǒ de kèběn
我 **的** 课本
[私の] [教科書]
(➢ 第１課ポイント2)

xīn lái de liúxuéshēng
新 来 **的** 留学生
[新しく来た] [留学生]
(➢ 第 10 課ポイント5)

② 連用修飾の例

duō chī
多 吃
[たくさん] [食べる]

tèbié máng
特别 忙
[特に] [忙しい]
(➢ 第５課ポイント2)

qí chē qù
骑 车 去
[自転車で] [行く]
(➢ 第６課ポイント2)

gāoxìng de shuō
高兴 **地** 说
[うれしそうに] [言う]
(➢ 第 16 課ポイント4)

☆原則３は日本語と同じなので、分かりやすいですね。

Ⅳ　いよいよテキストの本文に入ります。

★このテキストの本文の主要登場人物は、以下の４名です。

1．**渡辺静香（渡边静香）**：日本人。日本の大学の文学部に在学している２年生で、中国文学を専攻しています。
現在は北京の燕北大学に留学中。

2．**高橋健太（高桥健太）**：日本人。日本の大学の経済学部に在学している２年生です。
現在は北京の燕北大学に留学中。

3．**孫　国偉（孙　国伟）**：中国人。中国の燕北大学の４年生で、法学を専攻しています。

4．**林　紅　（林　红）**：中国人。中国の燕北大学大学院の１年生で、日本文学を専攻しています。

では各課の「表現のポイント」を学んでから、これらの４名の登場人物といっしょに、本文の中国語を学んでいきましょう！

◎本書の発音ピンイン表記について

（1）量詞について　（➢ 第４課語句４）

1．“个”はすべて前置する漢字と分かち書きをしない。

2．その他の量詞はすべて分かち書きしている。

（2）指示詞について　（➢ 第２課ポイント[2]）

1．“这／那”のピンインは“zhè／nà”と表記。

2．“这个／那个／哪个”のピンイン

・単独の場合は“zhèige／nèige／něige”と表記。

・後ろに名詞が付く場合は“zhège／nàge／nǎge”と表記。

（例：“这个大学”→“zhège dàxué”）

◎「表現部」各課本文の表記について

（1）本文の下線部分は、本文【注】に説明のある語彙および文法項目

（2）本文の太字部分は、その課の「表現のポイント」の項目

第 1 课
Dì yī kè

表現のポイントと〈エクササイズ〉

♪ A40

【語句１】 人称代名詞

	一人称	二人称	三人称
単数	我 wǒ	你／您① nǐ ／ nín	他／她／它② tā
複数	我们／咱们③ wǒmen ／ zánmen	你们 nǐmen	他们／她们／它们 tāmen

① **您**　：“你” よりも相手に敬意を込めた言い方。
② **它**　：人間以外のものを指す。
③ **咱们**：必ず聞き手を含み、“我们” より「私たち」の間柄に親しみが感じられる言い方。

♪ A41

1 “是 (shì)” を伴う名詞述語文 （述部の中心となる述語が名詞）

＜基本型＞ 我　是　大学生。　（私は大学生です。）
Wǒ shì dàxuéshēng.

＜否定型＞ 我　不　是　大学生。（私は大学生ではありません。）
Wǒ bú shì dàxuéshēng.

＜疑問型＞ ① 語気助詞“吗”の疑問　（語気助詞①―対人的語気助詞(1)）
你　是　大学生　吗? —— 是。／不　是。
Nǐ shì dàxuéshēng ma? —— Shì. Bú shì.
（あなたは大学生ですか。）　（そうです。／違います。）

② 反復形式の疑問
你　是　不　是　大学生? —— 是。／不　是。
Nǐ shì bu shì dàxuéshēng? —— Shì. Bú shì.
（あなたは大学生ですか。）　（そうです。／違います。）

♪ A42

トライ！ 先生のあとについて発音し、日本語で表現してみよう。

(1) 我　是　日本人。
Wǒ shì Rìběnrén.　日本語：

チャレンジ！ 先生のあとについて発音し、日本語で表現してみよう。

(2) 你　是　中国人　吗? —— 是。／不　是。
Nǐ shì Zhōngguórén ma? —— Shì. Bú shì.

日本語：

(3) 我　不　是　中国人。
Wǒ bú shì Zhōngguórén.　日本語：

(4)　你　是　不　是　日本人?　——　是。　/　不　是。
Nǐ　shì　bu　shì　Rìběnrén?　Shì.　Bú　shì.

日本語：

♪ A43

2 構造助詞①“的 (de)”(1)＝連体修飾

[1] 所有関係：名詞 1 ＋“的”＋名詞 2 ＝名詞 1 ＋「ノ」＋名詞 2

我　的　书（私の本）　图书馆　的　书（図書館の本）
wǒ　de　shū　túshūguǎn　de　shū

[2] 人間関係・所属：名詞 1（＋“的”）＋名詞 2 ＝名詞 1 ＋「ノ」＋名詞 2

我（的）妈妈　你（的）朋友　/　我们（的）大学　他们（的）公司
wǒ　(de)　māma　nǐ　(de)　péngyou　wǒmen　(de)　dàxué　tāmen　(de)　gōngsī
（私のお母さん）　（あなたの友人）　（私たちの大学）　（彼らの会社）

※その他：“日本　留学生”（日本の留学生）　“汉语　课本”（中国語の教科書）
Rìběn　liúxuéshēng　Hànyǔ　kèběn

♪ A44

トライ！　先生のあとについて発音し、日本語で表現してみよう。

(1)　我　的　手机　(※“手机”：スマホ)
wǒ　de　shǒujī

日本語：

(2)　你们　大学　的　学生
nǐmen　dàxué　de　xuésheng

日本語：

チャレンジ！　先生のあとについて発音し、日本語で表現してみよう。

(3)　他们　是　你们　大学　的　学生　吗?
Tāmen　shì　nǐmen　dàxué　de　xuésheng　ma?

日本語：

——　是。　/　不　是。　/
Shì.　Bú　shì.

(4)　她　是　不　是　你　老师?　(※“老师”：先生)
Tā　shì　bu　shì　nǐ　lǎoshī?

日本語：

——　是。　/　不　是。　/
Shì.　Bú　shì.

♪ A45

【語句 2】 数字（0 ～ 99）

[1] 0 から 10 までの数字を覚えよう。

零	一	二	三	四	五	六	七	八	九	十	(※ 两 liǎng)
líng	yī	èr	sān	sì	wǔ	liù	qī	bā	jiǔ	shí	

[2] 11 から 99 までの数字の言い方を覚えよう。

十一	十二	十三	十四	十五	十六	十七	十八	十九	二十
shíyī	shí'èr	shísān	shísì	shíwǔ	shíliù	shíqī	shíbā	shíjiǔ	èrshí

二十一	二十二	二十三	二十四 …	二十九	三十	三十一 …	九十	九十一 …	九十九
èrshiyī	èrshi'èr	èrshisān	èrshisì	èrshijiǔ	sānshí	sānshiyī	jiǔshí	jiǔshiyī	jiǔshijiǔ

♪ A46

トライ！ 先生のあとについて発音し、日本語で表現してみよう。

（1） 我 是 大学 一 年级 的 学生。　（※“年级”：学年）
Wǒ shì dàxué yī niánjí de xuésheng.

日本語：

チャレンジ！ 先生のあとについて発音し、日本語で表現してみよう。

（2） 他 是 大学 二 年级 的 学生 吗？ —— 是。 ／ 不 是。
Tā shì dàxué èr niánjí de xuésheng ma? Shì. Bú shì.

日本語：

♪ A47

3 名前の言い方

[1] 我 **姓** 林。（私は林（リン）です。）
Wǒ xìng Lín.

[2] 我 **叫** 林 红。（私は林紅（リン コウ）と言います。）
Wǒ jiào Lín Hóng.

♪ A48

トライ！ テキストの登場人物の名前を中国語で発音して覚えよう。

（1） 她 **姓** 渡边， **叫** 渡边 静香。
Tā xìng Dùbiān, jiào Dùbiān Jìngxiāng.

（2） 他 **姓** 高桥， **叫** 高桥 健太。
Tā xìng Gāoqiáo, jiào Gāoqiáo Jiàntài.

（3） 他 **姓** 孙， **叫** 孙 国伟。
Tā xìng Sūn, jiào Sūn Guówěi.

チャレンジ！ 自分の名前を中国語で発音してみよう。

（4） 我 **姓** ....。
Wǒ xìng ....

（5） 我 **叫** ....。
Wǒ jiào ....

♪ A49 本文 自我介绍　（自己紹介する）
Zìwǒ jièshào

—北京に留学している渡辺静香さんが自己紹介します—

大家 好！ 我 姓 渡边，叫 渡边 静香。我
Dàjiā hǎo! Wǒ xìng Dùbiān, jiào Dùbiān Jìngxiāng. Wǒ

是 日本人，是 大学 二 年级 的 学生。认识 大家 我
shì Rìběnrén, shì dàxué èr niánjí de xuésheng. Rènshi dàjiā wǒ

很 高兴。以后 请 多 关照！
hěn gāoxìng. Yǐhòu qǐng duō guānzhào!

【注】

あいさつ表現
p.28 を参照

大家 人称代名詞 みんな、みなさん
好 形容詞 よい、元気だ
认识 動詞 知り合う
很 副詞 とても
高兴 形容詞 うれしい
以后 名詞 以後
请 動詞 請う
多 副詞 多めに
关照 動詞 面倒をみる、世話をする

ブラッシュアップ！ **本文を日本語で表現してみよう。**

〈"学生 xuésheng"って何？〉

日本語では、小学生は「児童」、中高生は「生徒」、大学生は「学生」と言います。
中国語ではすべて"学生 xuésheng"です。
中国の学校制度は以下の通りです。

- 小学校＝"小学 xiǎoxué"　　小学生＝"小学生 xiǎoxuéshēng"
- 中学校＝"初级中学 chūjí zhōngxué"　　中学生＝"初中生 chūzhōngshēng"
- 高校　＝"高级中学 gāojí zhōngxué"　　高校生＝"高中生 gāozhōngshēng"
- 大学　＝"大学 dàxué"　　大学生＝"大学生 dàxuéshēng"

中国では"小学"が 6 年間、"初级中学"が 3 年間で、ここまでが義務教育です。
ちなみに留学生は"留学生 liúxuéshēng"です。

第 2 课
Dì èr kè

表現のポイントと〈エクササイズ〉

♪ A50

1 動詞述語文 （述部の中心となる述語が動詞）

＜基本型＞ 我 **学习** 汉语。(私は中国語を勉強します。)
Wǒ xuéxí Hànyǔ.

＜否定型＞ 我 **不** **学习** 汉语。(私は中国語を勉強しません。)
Wǒ bù xuéxí Hànyǔ.

＜疑問型＞ ① 対人的語気助詞“吗”の疑問

你 **学习** 汉语 **吗**? —— 学习。 / 不 学习。
Nǐ xuéxí Hànyǔ ma? —— Xuéxí. / Bù xuéxí.
(あなたは中国語を勉強しますか。) (勉強します。／勉強しません。)

② 反復形式の疑問

你 **学习** **不** **学习** 汉语? —— 学习。 / 不 学习。
Nǐ xuéxí bu xuéxí Hànyǔ? —— Xuéxí. / Bù xuéxí.
(あなたは中国語を勉強しますか。) (勉強します。／勉強しません。)

♪ A51

トライ！ 先生のあとについて発音し、日本語で表現してみよう。

(1) 我 **看** 电视。 (※“**看**”：見る、“**电视**”：テレビ)
Wǒ kàn diànshì.

日本語：

チャレンジ！ 先生のあとについて発音し、日本語で表現してみよう。

(2) 你 **看** 电视 **吗**? —— 看。 / 不 看。
Nǐ kàn diànshì ma? —— Kàn. / Bú kàn.

日本語：

(3) 我 **不** **看** 电视。
Wǒ bú kàn diànshì.

日本語：

(4) 你 **看** **不** **看** 电视? —— 看。 / 不 看。
Nǐ kàn bu kàn diànshì? —— Kàn. / Bú kàn.

日本語：

♪ A52

2 指示詞① “这 (zhè)”、“那 (nà)”、“哪 (nǎ)”

話し手から近い	話し手から遠い	疑問
这 zhè	那 nà	哪 nǎ
コ （ソ） ア		ド

[1] 这　是　汉语　课本。（これは中国語の教科書です。）
Zhè　shì　Hànyǔ　kèběn.

[2] 那　是　你　的　手机　吗?　——　是。　/　不　是。
Nà　shì　nǐ　de　shǒujī　ma?　　Shì.　　Bú　shì.
（あれはあなたのスマホですか。）　（そうです。）（違います。）

♪ A53

トライ！　先生のあとについて発音し、日本語で表現してみよう。

(1)　这　是　我　朋友。　（※"朋友"：友人）
Zhè　shì　wǒ　péngyou.

日本語：

チャレンジ！　先生のあとについて発音し、日本語で表現してみよう。

(2)　那　不　是　英语　词典。　（※"英语"：英語、"词典"：辞典）
Nà　bú　shì　Yīngyǔ　cídiǎn.

日本語：

♪ A54

3　副詞①　"也 (yě)"

[1] 我　是　大学生，她　也　是　大学生。（私は大学生で、彼女も大学生です。）
Wǒ　shì　dàxuéshēng,　tā　yě　shì　dàxuéshēng.

[2] 我　学习　汉语，也　学习　英语。（私は中国語を勉強し、英語も勉強します。）
Wǒ　xuéxí　Hànyǔ,　yě　xuéxí　Yīngyǔ.

♪ A55

トライ！　先生のあとについて発音し、日本語で表現してみよう。

(1)　我　的　专业　是　经济学，他　的　专业　也　是　经济学。
Wǒ　de　zhuānyè　shì　jīngjìxué,　tā　de　zhuānyè　yě　shì　jīngjìxué.
（※"专业"：専攻、"经济学"：経済学）

日本語：

(2)　他　是　我　的　朋友，也　是　我　的　老师。
Tā　shì　wǒ　de　péngyou,　yě　shì　wǒ　de　lǎoshī.

日本語：

チャレンジ！　先生のあとについて発音し、日本語で表現してみよう。

(3)　我　喜欢　古典　音乐，也　喜欢　流行　音乐。
Wǒ　xǐhuan　gǔdiǎn　yīnyuè,　yě　xǐhuan　liúxíng　yīnyuè.
（※"喜欢"：好きだ、"古典 音乐"：クラシック音楽、"流行 音乐"：ポピュラーミュージック）

日本語：

♪ A56

4 疑問詞疑問文① 名詞述語文（“什么 (shénme)”= 何？、“谁 (shéi)”= 誰？）

[1] 疑問詞“什么 (shénme)”

这 是 **什么**？ —— 这 是 月饼。（➤ 第2課本文）
Zhè shì shénme? — Zhè shì yuèbǐng.
（これは**何**ですか。） （これは月餅です。）

[2] 疑問詞“谁 (shéi)”

他 是 **谁**？ —— 他 是 我 朋友。
Tā shì shéi? — Tā shì wǒ péngyou.
（彼は**誰**ですか。） （彼は私の友人です。）

♪ A57

トライ！ 先生のあとについて発音し、日本語で表現してみよう。

(1) 你 的 专业 是 **什么**？ —— 我 的 专业 是 经营学。
Nǐ de zhuānyè shì shénme? — Wǒ de zhuānyè shì jīngyíngxué.
（※“**经营学**”：経営学）

日本語：

チャレンジ！ 先生のあとについて発音し、日本語で表現してみよう。

(2) 杨 老师 是 **谁**？ —— 杨 老师 是 我们 的 汉语 老师。（※“**杨**”：楊）
Yáng lǎoshī shì shéi? — Yáng lǎoshī shì wǒmen de Hànyǔ lǎoshī.

日本語：

♪ A58

5 疑問詞疑問文② 動詞述語文（“什么 (shénme)”= 何？、“为 什么 (wèi shénme)”= なぜ？）

[1] 疑問詞“什么 (shénme)”

你 学习 **什么**？ —— 我 学习 中国 历史。
Nǐ xuéxí shénme? — Wǒ xuéxí Zhōngguó lìshǐ.
（あなたは何を勉強しますか） （私は中国の歴史を勉強します。）

[2] 疑問詞“为 什么 (wèi shénme)”

你 **为 什么** 学习 中文？ —— 我 喜欢 中国 文化。
Nǐ wèi shénme xuéxí Zhōngwén? — Wǒ xǐhuan Zhōngguó wénhuà.
（あなたはどうして中国語を勉強しますか。） （中国の文化が好きだからです。）

♪ A59

トライ！ 先生のあとについて発音し、日本語で表現してみよう。

(1) 你 吃 **什么**？ —— 我 吃 面条。（※“**吃**”：食べる、“**面条**”：めん類）
Nǐ chī shénme? — Wǒ chī miàntiáo.

日本語：

♪ A60

本文　我们的专业　（私たちの専門）
Wǒmen de zhuānyè

―渡辺さんが自分の専攻や友人の高橋健太さんについて紹介します―

我 的 专业 是 中国 文学。 我 **学习** 汉语。
Wǒ de zhuānyè shì Zhōngguó wénxué. Wǒ xuéxí Hànyǔ.

这 是 我 朋友， 叫 高桥 健太。 高桥 **也** 是
Zhè shì wǒ péngyou, jiào Gāoqiáo Jiàntài. Gāoqiáo yě shì

大学 二 年级 的 学生， 他 的 专业 是 经济学。他
dàxué èr niánjí de xuésheng, tā de zhuānyè shì jīngjìxué. Tā

学习 英语， **也** **学习** 汉语。
xuéxí Yīngyǔ, yě xuéxí Hànyǔ.

你们 的 专业 是 **什么**？ 你们 **也** **学习** 汉语
Nǐmen de zhuānyè shì shénme? Nǐmen yě xuéxí Hànyǔ

吗？
ma?

【注】

文学 名詞 文学

吗 語気助詞 疑問の語気
第1、2課ポ1〈疑問型〉

ブラッシュアップ！ **本文を日本語で表現してみよう。**

〈中国の大学〉

中国で最初の国立総合大学は、1898年に創立された**北京大学**です。そして北京大学と双璧を成すのが、1911年に創設された**清華大学**で、2013年から国家主席である**習近平**や前国家主席の**胡錦濤**などはこの大学の卒業生です。

また中国では、世界トップレベルの大学および学科の整備を目指して、2017年から「**"双一流" 建设**」という政策が正式にすすめられています。**"双一流"** というのは、「世界一流大学・一流学科」という意味で、2020年に第1サイクルのリストが発表され、2022年2月に第2サイクル（2022～2026年）の大学および学科のリストが発表されました。これには147大学の428学科が選定されました。中国ではこれらの大学への入学を目指して、毎年6月初旬に、大学新入生募集全国統一試験（**"高考 gāokǎo"**）が実施され、めでたく合格した人は、9月に新学期を迎えます。

第3课
Dì sān kè

表現のポイントと〈エクササイズ〉

♪ A61

1 形容詞述語文 （述部の中心となる述語が形容詞）

＜基本型＞ 我　很　忙。（私はとても忙しいです。）
Wǒ　hěn　máng.

＜否定型＞ 我　不　忙。（私は忙しくありません。）
Wǒ　bù　máng.

＜疑問型＞ ① 対人的語気助詞“吗”の疑問

你　忙　吗？ —— 忙。 ／ 不　忙。
Nǐ　máng　ma? —— Máng. ／ Bù　máng.
（あなたは忙しいですか。） （忙しいです。／ 忙しくありません。）

② 反復形式の疑問

你　忙　不　忙？ —— 忙。 ／ 不　忙。
Nǐ　máng　bu　máng? —— Máng. ／ Bù　máng.
（あなたは忙しいですか。） （忙しいです。／ 忙しくありません。）

♪ A62

トライ！ 先生のあとについて発音し、日本語で表現してみよう。

(1) 最近　我　很　忙。　（※“最近”：最近）
Zuìjìn　wǒ　hěn　máng.

日本語：

チャレンジ！ 先生のあとについて発音し、日本語で表現してみよう。

(2) 我们　大学　的　校园　很　大。　（※“校园”：キャンパス、“大”：大きい）
Wǒmen　dàxué　de　xiàoyuán　hěn　dà.

日本語：

(3) 你们　大学　学生　多　吗？ —— 很　多。 ／ 不　多。（※“多”：多い）
Nǐmen　dàxué　xuésheng　duō　ma? —— Hěn　duō. ／ Bù　duō.

日本語：

(4) 你们　大学　学生　多　不　多？ —— 很　多。 ／ 不　多。
Nǐmen　dàxué　xuésheng　duō　bu　duō? —— Hěn　duō. ／ Bù　duō.

日本語：

♪ A63

2 指示詞② “这个 (zhège)”、“那个 (nàge)”、“哪个 (nǎge)”

話し手から近い	話し手から遠い	疑問
这个 zhège (zhèige)	那个 nàge (nèige)	哪个 nǎge (něige)
コノ・コレ　（ソノ・ソレ）　アノ・アレ		ドノ・ドレ

[1] **这个** 大学 的 校园 很 大。(この大学のキャンパスは大きいです。)
Zhège dàxué de xiàoyuán hěn dà.

[2] 我 吃 **那个**。(私はあれを食べます。)
Wǒ chī nèige.

♪ A64 **トライ!** **先生のあとについて発音し、日本語で表現してみよう。**

(1) 我 吃 **这个**。
Wǒ chī zhèige. 日本語:

チャレンジ! **先生のあとについて発音し、日本語で表現してみよう。**

(2) 他 是 **这个** 大学 的 老师。
Tā shì zhège dàxué de lǎoshī.

日本語:

(3) 你 吃 **哪个**? —— 我 吃 **那个**。
Nǐ chī něige? Wǒ chī nèige.

日本語:

♪ A65 **3 副詞② "都 (dōu)"** (X "都" Y:X ハ/ガ すべて、全部 Y ダ)

我们 **都** 是 这个 大学 的 学生。(私たちは全員この大学の学生です。)
Wǒmen dōu shì zhège dàxué de xuésheng.

♪ A66 **トライ!** **先生のあとについて発音し、日本語で表現してみよう。**

(1) 他们 **都** 是 日本人。
Tāmen dōu shì Rìběnrén.

日本語:

チャレンジ! **先生のあとについて発音し、日本語で表現してみよう。**

(2) 你们 **都** 学习 汉语 吗?
Nǐmen dōu xuéxí Hànyǔ ma?

日本語:

—— **对**, 我们 **都** 学习 汉语。(※ "对":そうです=「正しい」という意味)
Duì, wǒmen dōu xuéxí Hànyǔ.

日本語:

—— 不, 我们 **不 都** 学习 汉语。 小红 不 学 汉语。
Bù, wǒmen bù dōu xuéxí Hànyǔ. Xiǎo-Hóng bù xué Hànyǔ.

日本語:

♪ A67 4 “和 (hé)” の用法 （品詞の兼務① -1. 接続詞①、2. 前置詞①）

［1］接続詞①：A “和” B ＝ A ト B（➢ 第 3 課本文）

我 和 他 都 是 大学生。（私と彼は 2 人とも大学生です。）
Wǒ hé tā dōu shì dàxuéshēng.

［2］前置詞①：A “和” B ＋ 動詞／形容詞 ＝ A ハ B ト動詞／形容詞（➢ 第 11 課本文）

我 和 他 一起 学习 英语。（私は彼と一緒に英語を勉強します。）
Wǒ hé tā yìqǐ xuéxí Yīngyǔ.

♪ A68

トライ！ 先生のあとについて発音し、日本語で表現してみよう。

（1） 我 和 她 都 学习 汉语。（接続詞）
Wǒ hé tā dōu xuéxí Hànyǔ.

日本語：

チャレンジ！ 先生のあとについて発音し、日本語で表現してみよう。

（2） 我 和 他 一起 听 音乐。（前置詞） （※ “听”：聴く）
Wǒ hé tā yìqǐ tīng yīnyuè.

日本語：

♪ A69 5 大主題述部文（X ハ Z ガ Y ダ）の文型

今天 天气 很 好。（今日は天気がとてもいい。）
Jīntiān tiānqì hěn hǎo.

♪ A70

トライ！ 先生のあとについて発音し、日本語で表現してみよう。

（1） 北京 冬天 很 冷。 （※ “冬天”：冬、“冷”：寒い）
Běijīng dōngtiān hěn lěng.

日本語：

（2） 这个 大学 校园 很 大。
Zhège dàxué xiàoyuán hěn dà.

日本語：

チャレンジ！ 先生のあとについて発音し、日本語で表現してみよう。

（3） 你 身体 好 吗? —— 很 好，谢谢。
Nǐ shēntǐ hǎo ma? Hěn hǎo, xièxie.

（※ “身体”：身体／体の健康、“谢谢”：ありがとう）

日本語：

♪ A71

本文 介绍朋友 （友達を紹介する）

Jièshào péngyou

―渡辺さんが留学先の大学や中国人の友人を紹介します―

这个 大学 叫 燕北大学， 燕北大学 的 校园
Zhège dàxué jiào Yānběi-dàxué, Yānběi-dàxué de xiàoyuán

很 大， 学生 很 多。 林 红 和 孙 国伟 是 这个
hěn dà, xuésheng hěn duō. Lín Hóng hé Sūn Guówěi shì zhège

大学 的 学生。 林 红 是 研究生院 一 年级 的
dàxué de xuésheng. Lín Hóng shì yánjiūshēngyuàn yī niánjí de

学生， 孙 国伟 是 法学院 四 年级 的 学生。
xuésheng, Sūn Guówěi shì fǎxuéyuàn sì niánjí de xuésheng.

他们 英语 和 日语 都 很 好。
Tāmen Yīngyǔ hé Rìyǔ dōu hěn hǎo.

你们 大学 学生 多 不 多？
Nǐmen dàxué xuésheng duō bu duō?

【注】

燕北大学：架空の大学名

很 副詞 とても

第5課ポ2

研究生院 名詞 大学院

法学院 名詞 法学部

日语 名詞 日本語

ブラッシュアップ！ 本文を日本語で表現してみよう。

〈中国の大学生活〉

中国の大学生は、大学の近くにアパートやマンションを借りている人もいますが、基本的には**学内の学生寮で生活**します。従って、キャンパス内で生活できるように、**食堂、銭湯、売店、図書館**など、生活や勉強に必要な施設が充実しています。その他、キャンパス内には教職員の住宅もあり、敷地は広大で、**キャンパスが1つのコミュニティー**のようになっています。

通常、**授業は朝8時開始**です。授業開始前にグラウンドで体操したり、食堂で朝食を食べたりして、授業に備えます。通学するのに時間を取りませんから、早朝、学内の公園で勉強している学生の姿もよく見かけます。

第4课
Dì sì kè

表現のポイントと〈エクササイズ〉

♪ A72

1 "来 (lái)" と "去 (qù)" の用法 （"来" / "去" + 場所：場所へ・ニ　クル／イク）

他　来　日本。（彼は日本に来ます。）　/　我　去　中国。（私は中国へ行きます。）
Tā　lái　Rìběn.　　Wǒ　qù　Zhōngguó.

♪ A73

トライ！ 先生のあとについて発音し、日本語で表現してみよう。

（1）她　来　我　家。
Tā　lái　wǒ　jiā.　日本語：

（※"家：うち、"我 家"：私のうち）

（2）我　去　图书馆。
Wǒ　qù　túshūguǎn.　日本語：

（※ "图书馆"：図書館）

♪ A74

2 連動式動詞文 （V1 + V2：Xハ／ガ　V1 シテ　V2 スル）

[1] 他　来　日本　留学。（彼は日本に留学に来ます。）
Tā　lái　Rìběn　liúxué.

[2] 我们　去　图书馆　看　书。（私たちは図書館に行って勉強します。）
Wǒmen　qù　túshūguǎn　kàn　shū.

♪ A75

トライ！ 先生のあとについて発音し、日本語で表現してみよう。

（1）我　去　中国　留学。
Wǒ　qù　Zhōngguó　liúxué.

日本語：

チャレンジ！ 先生のあとについて発音し、日本語で表現してみよう。

（2）他　来　我　家　玩儿。　（※玩儿：遊ぶ）
Tā　lái　wǒ　jiā　wánr.

日本語：

♪ A76

【語句3】 時の表現① （日、年、時間帯）

前天（おととい） qiántiān	昨天（きのう） zuótiān	今天（きょう） jīntiān	明天（あした） míngtiān	后天（あさって） hòutiān	每天（まいにち） měitiān
前年（おととし） qiánnián	去年（きょねん） qùnián	今年（ことし） jīnnián	明年（らいねん） míngnián	后年（さらいねん） hòunián	每年（まいとし） měinián
早上（あさ） zǎoshang	上午（午前） shàngwǔ	中午（正午、ひる） zhōngwǔ	下午（午後） xiàwǔ	晚上（よる） wǎnshang	

♪ A77

トライ！ **先生のあとについて発音し、日本語で表現してみよう。**

(1) **昨天** **下午** 我们 去 咖啡厅 喝 咖啡。
Zuótiān xiàwǔ wǒmen qù kāfēitīng hē kāfēi.

（※“咖啡厅”：喫茶店、“咖啡”：コーヒー、“喝”：飲む）

日本語：

チャレンジ！ **先生のあとについて発音し、日本語で表現してみよう。**

(2) **今天** **晚上** 天气 不 好。
Jīntiān wǎnshang tiānqì bù hǎo.

日本語：

♪ A78

【語句４】 量詞（類別詞—ものの数え方）

一**个** 问题
yíge wèntí
（1 つの問題）

两 **本** 书
liǎng běn shū
（2 冊の本）

三 **件** 毛衣
sān jiàn máoyī
（3 着のセーター）

四 **条** 路
sì tiáo lù
（4 本の道）

五 **支** 钢笔
wǔ zhī gāngbǐ
（5 本の万年筆）

六 **把** 椅子
liù bǎ yǐzi
（6 脚の椅子）

七 **张** 桌子
qī zhāng zhuōzi
（7 卓のテーブル）

八 **只** 熊猫
bā zhī xióngmāo
（8 頭のパンダ）

九 **双** 鞋
jiǔ shuāng xié
（9 足の靴）

十 **台** 电脑
shí tái diànnǎo
（10 台のパソコン）

☆ 这**个** 人（この人）／ 那 **本** 小说 （あの小説）
zhège rén nà běn xiǎoshuō

☆ 一**个** 同学
yíge tóngxué
（1 人の同級生）

两 **位** 前辈
liǎng wèi qiánbèi
（2 人の先輩）

三 **名** 教师
sān míng jiàoshī
（3 名の教師）

四 **口** 人
sì kǒu rén
（4 人の家族）

♪ A79

トライ！ **先生のあとについて発音し、日本語で表現してみよう。**

(1) 明年 我们 三个 都 去 中国 留学。
Míngnián wǒmen sānge dōu qù Zhōngguó liúxué.

日本語：

チャレンジ！ **先生のあとについて発音し、日本語で表現してみよう。**

(2) 这 **本** 书 很 贵，那 **本** 书 也 很 贵。 （※贵：（値段が）高い）
Zhè běn shū hěn guì, nà běn shū yě hěn guì.

日本語：

♪ A80

3 指示詞③ “这儿 (zhèr)”、“那儿 (nàr)”、“哪儿 (nǎr)”

話し手から近い	話し手から遠い	疑問
这儿／这里 zhèr / zhèli	那儿／那里 nàr / nàli	哪儿／哪里 nǎr / nǎli
ココ （ソコ）	アソコ	ドコ

[1] **这儿** 很 安静。（ここはとても静かです。）
Zhèr hěn ānjìng.

[2] **那儿** 的 气氛 很 好。（あそこの雰囲気はとても良いです。）
Nàr de qìfēn hěn hǎo.

♪ A81

トライ！ 先生のあとについて発音し、日本語で表現してみよう。

(1) **这儿** 很 热闹。 （※ "**热闹**"：にぎやかだ）
Zhèr hěn rènao.

日本語：

チャレンジ！ 先生のあとについて発音し、日本語で表現してみよう。

(2) 你 去 **哪儿**? —— 去 图书馆 看 书。
Nǐ qù nǎr? Qù túshūguǎn kàn shū.

日本語：

♪ A82

4 「"好 (hǎo)"＋動詞」の表現 （「Vしやすい」が原義）

好看	好吃	好喝	好做	好写
hǎokàn	hǎochī	hǎohē	hǎozuò	hǎoxiě
(きれいだ)	((食べて)おいしい)	((飲んで)おいしい)	(やりやすい)	(書きやすい)

♪ A83

トライ！ 先生のあとについて発音し、日本語で表現してみよう。

(1) 这个 点心 很 **好吃**。 （※ "**点心**"：お菓子）
Zhège diǎnxin hěn hǎochī.

日本語：

(2) 地道 的 乌龙茶 很 **好喝**。 （※ "**地道**"：本場、"**乌龙茶**"：ウーロン茶）
Dìdao de wūlóngchá hěn hǎohē.

日本語：

チャレンジ！ 先生のあとについて発音し、日本語で表現してみよう。

(3) 这 支 铅笔 很 **好写**。 （※ "**铅笔**"：鉛筆）
Zhè zhī qiānbǐ hěn hǎoxiě.

日本語：

♪ A84

本文 去日式咖啡厅 （日本式の喫茶店へ行く）
Qù Rìshì kāfēitīng

—渡辺さんの留学生活です—

我 **每天** 都 **去** 大学 的 图书馆。 **昨天** **下午** 林
Wǒ měitiān dōu qù dàxué de túshūguǎn. Zuótiān xiàwǔ Lín

红 和 孙 国伟 也 **来** 图书馆 **看** 书。 **晚上**
Hóng hé Sūn Guówěi yě lái túshūguǎn kàn shū. Wǎnshang

我们 **三个** **去** 大学 附近 的 日式 咖啡厅。**那儿** 很
wǒmen sānge qù dàxué fùjìn de Rìshì kāfēitīng. Nàr hěn

安静，气氛 很 好，咖啡 也 很 **好喝**。
ānjìng, qìfēn hěn hǎo, kāfēi yě hěn hǎohē.

你们 也 常 去 咖啡厅 吗？
Nǐmen yě cháng qù kāfēitīng ma?

【注】

附近 名詞 付近、近所
日式 名詞 日本式
常 副詞 いつも、よく

ブラッシュアップ！ **本文を日本語で表現してみよう。**

〈中国人の飲み物の嗜好〉

中国と言えばお茶文化です。日本でもジャスミン茶（“**茉莉花茶 mòlìhuāchá**”）、ウーロン茶（“**乌龙茶 wūlóngchá**”）などは有名です。**ジャスミン茶**は緑茶にジャスミンの花の香りを付けたもので、**緑茶は無発酵茶**です。**ウーロン茶は半発酵茶、紅茶は全発酵茶**です。これらはすべて同じ茶葉ですが、発酵の度合いの違いで味が大きく異なります。

ちなみに日本のお茶の木も中国から入って来たもので、もとは同じものです。しかし**中国茶は炒る**という製法、**日本の緑茶は蒸す**という製法で、この製法の違いによって中国茶と日本茶では味が大きく異なります。

現在中国の**南方でコーヒーも栽培**されており、またコーヒー豆も多く輸入されていて、若い人たちの間ではコーヒー文化が広く受容されてきています。

第 5 课
Dì wǔ kè

表現のポイントと〈エクササイズ〉

♪ A85

【語句5】 時の表現② (年月日、曜日、季節)

一九四九 年 十 月 一 号
yījiǔsìjiǔ nián shí yuè yī hào

二〇二五 年 七 月 八 号
èrlíng'èrwǔ nián qī yuè bā hào

星期 天 / 星期 日(日曜日)
xīngqī tiān / xīngqī rì

星期 一(月曜日)
xīngqī yī

星期 二(火曜日)
xīngqī èr

星期 三(水曜日)
xīngqī sān

星期 四(木曜日)
xīngqī sì

星期 五(金曜日)
xīngqī wǔ

星期 六(土曜日)
xīngqī liù

春天 (春)
chūntiān

夏天 (夏)
xiàtiān

秋天 (秋)
qiūtiān

冬天 (冬)
dōngtiān

(注) 隔音符号
ex. Xī'ān：西安
xiān ：先

♪ A86

1 "是 (shì)" を用いなくてもよい名詞述語文

<肯定型> 今天 五 月 四 号。(今日は5月4日です。)
Jīntiān wǔ yuè sì hào.

<否定型> 今天 不 是 五 月 六 号。(今日は5月6日ではありません。)
Jīntiān bú shì wǔ yuè liù hào.

♪ A87

トライ！ 先生のあとについて発音し、日本語で表現してみよう。

(1) 今天 星期 四。
Jīntiān xīngqī sì.

日本語：

チャレンジ！ 次の日本語を中国語で表現してみよう。

(2) 昨日は7月8日です。

簡 体 字：

ピンイン：

(3) 明日は日曜日ではありません。

簡 体 字：

ピンイン：

♪ A88

2 副詞③ “很 (hěn)”、“真 (zhēn)”、“特別 (tèbié)”、“太 (tài)” （形容詞の程度を高めるもの）

[1] 星期 天 游客 **很** 多。 （日曜日は旅行客がとても多いです。）（➢ 第 5 課本文）
Xīngqī tiān yóukè hěn duō.

[2] 汉语 **真** 难。 （中国語は本当に難しいです。）（➢ 第 18 課本文）
Hànyǔ zhēn nán.

[3] 她 今天 **特别** 高兴。 （彼女は今日は特別うれしいです。）
Tā jīntiān tèbié gāoxìng.

[4] 他 **太** 忙 了。 （彼はすごく忙しいです。）（➢ 第 5 課本文）
Tā tài máng le.
（“了”は本課のポイント3–1 参照）

♪ A89

トライ！ 先生のあとについて発音し、日本語で表現してみましょう。

(1) 她 的 发音 **真** 好。 日本語：
Tā de fāyīn zhēn hǎo.
（※“发音”：発音）

チャレンジ！ 先生のあとについて発音し、日本語で表現してみよう。

(2) 星期 一 游客 **不 太** 多。 （※“不 太”～：あまり～でない）
Xīngqī yī yóukè bú tài duō.

日本語：

♪ A90

3 “了 (le)”の 2 つの用法 （動作や事態が実現した／実現していることを表す）

[1] 文末の“了”（語気助詞②—対事的語気助詞 (1)）（➢ 第 5 課本文）
—発話時点（指定時点）において実現した／している

她 的 病 好 **了**。（彼女の病気は良くなりました。）
Tā de bìng hǎo le.

[2] 動詞の直後の“了”（時態助詞①）（➢ 第 11、12、13 課本文）
—発話時点（指定時点）より前に実現した／している

我 买**了** 一 本 中文 杂志。（私は一冊中国語の雑誌を買いました。）
Wǒ mǎile yì běn Zhōngwén zázhì.

♪ A91

トライ！ 先生のあとについて発音し、日本語で表現してみよう。

(1) 我 今年 二十 岁 **了**。 （※“岁”：歳）
Wǒ jīnnián èrshí suì le.

日本語：

チャレンジ！ 先生のあとについて発音し、日本語で表現してみよう。

(2) 今天 早上 我 喝**了** 两 杯 咖啡。
Jīntiān zǎoshang wǒ hēle liǎng bēi kāfēi.

日本語：

♪ A92

4 前置詞② “跟 (gēn)” （“跟”＋人＋V：人と　V　スル）

> 我　**跟**　他　商量。（私は彼と相談します。）
> Wǒ　gēn　tā　shāngliang.

♪ A93

トライ！　先生のあとについて発音し、日本語で表現してみよう。

（1）我　**跟**　她　**一起**　去　故宫。
　　Wǒ　gēn　tā　yìqǐ　qù　Gùgōng.

（※ **“一起＋V”**：一緒にVする
“故宫”：第5課本文コラム参照）

日本語：

チャレンジ！　先生のあとについて発音し、日本語で表現してみよう。

（2）我　**跟**　他们　**一样**　喜欢　中国菜。
　　Wǒ　gēn　tāmen　yíyàng　xǐhuan　Zhōngguócài.

（※ **“一样”**：同じ
“中国菜”：中華料理）

日本語：

♪ A94

5 “想 (xiǎng)” の用法 （品詞の兼務② -1. 動詞、2. 助動詞①）

> **[1] 動詞：“想～”＝～を思う・～のことを考える**
> 她　很　**想**　妈妈。（彼女はとても母のことを思う。＝母が恋しい。）
> Tā　hěn　xiǎng　māma.
>
> **[2] 助動詞①：“想”＋V＝Vしようと思う・Vしたい**（➤ 第5、14課本文）
> 我　**想**　去　故宫。（私は故宫に行こうと思う。＝行きたい。）
> Wǒ　xiǎng　qù　Gùgōng.

♪ A95

トライ！　先生のあとについて発音し、日本語で表現してみよう。

（1）爸爸　妈妈　很　**想**　你。
　　Bàba　māma　hěn　xiǎng　nǐ.

（※ **“爸爸”**：お父さん、**“妈妈”**：お母さん）

日本語：

チャレンジ！　先生のあとについて発音し、日本語で表現してみよう。

（2）我　**想**　跟　大家　一起　去　北京。
　　Wǒ　xiǎng　gēn　dàjiā　yìqǐ　qù　Běijīng.

日本語：

♪ A96

本文　去哪儿？　（どこへ行くの？）
Qù nǎr?

―渡辺さんが友人たちと、どこに遊びに行くか、相談しています―

今天 **星期** **六**，天气 **很** 好。我 **想** **跟** 大家
Jīntiān xīngqī liù, tiānqì hěn hǎo. Wǒ xiǎng gēn dàjiā

一起 去 故宫，但是 周末 游客 **太** 多 **了**。高桥
yìqǐ qù Gùgōng, dànshì zhōumò yóukè tài duō le. Gāoqiáo

问 大家：“去 哪儿 好 呢？” 孙 国伟 说：“去
wèn dàjiā: “Qù nǎr hǎo ne?” Sūn Guówěi shuō: “Qù

北海公园 吧。”
Běihǎi-gōngyuán ba.”

北海公园 游客 不 **太** 多，大家 都 赞成 去
Běihǎi-gōngyuán yóukè bú tài duō, dàjiā dōu zànchéng qù

北海公园。
Běihǎi-gōngyuán.

【注】

但是 接続詞　ただし
第 15 課ポ3-[1]
周末 名詞　週末
问 動詞　問う、たずねる
第 7 課ポ3
呢 語気助詞　確認の語気
第 12 課ポ6-[2]
说 動詞　言う、話す
北海公园：
第 6 課本文コラム参照
吧 語気助詞　勧誘の語気
第 16 課ポ6-1
赞成 動詞　賛成する
第 15 課ポ《まとめ②》

ブラッシュアップ！　**本文を日本語で表現してみよう。**

〈北京の歴史遺産①〉

北京は**金**（女真族の王朝）→**元**（モンゴル族の王朝）→**明**（漢族の王朝）→**清**（満州族の王朝）の4王朝が、12世紀初頭から20世紀初頭まで都を置いたところです。その後、中華民国は南京に都を置き、1949年に中華人民共和国が成立すると、再び北京が首都となりました。

「**故宮**」はもともと「**紫禁城**」と呼ばれ、**明**、**清時代**の皇帝が政務を執った宮城であり、また生活の場でもありました。この宮殿は東西753m、南北961mで、周囲は高さ10mの城壁で囲まれています。紫禁城の正門は「**午門**」、城壁の正門が「**天安門**」です。天安門は門上の楼閣に登ることができます。そこはもともと皇帝が公文書（詔書）を読み上げた場所ですが、1949年にはそこで毛沢東が中華人民共和国の成立を宣言しました。

現在、北京、上海、天津、重慶の4都市は**直轄市**です。**北京市の面積は日本の四国4県を合わせたのと同じくらい広大**です。その中心に位置しているのが故宮で、現在の正式名称は「**故宮博物院**」です。

第 6 课
Dì liù kè

表現のポイントと〈エクササイズ〉

♪ B01

1 時刻の表現

一 点 / yì diǎn （1 時）

两 点 十五 分 ＝ 两 点 一 刻 / liǎng diǎn shíwǔ fēn ＝ liǎng diǎn yí kè （2 時 15 分）

四 点 三十 分 ＝ 四 点 半 / sì diǎn sānshí fēn ＝ sì diǎn bàn （4 時 30 分）（4 時半）

八 点 四十五 分 ＝ 八 点 三 刻 / bā diǎn sìshiwǔ fēn ＝ bā diǎn sān kè （8 時 45 分）

十 点 五十五 分 / shí diǎn wǔshiwǔ fēn （10 時 55 分）

差 五 分 十一 点 / chà wǔ fēn shíyī diǎn （11 時 5 分前）

♪ B02

トライ！ 先生のあとについて発音し、日本語で表現してみよう。

（1） 现在 **两 点**。　（※ “**现在**”：今、現在）
Xiànzài liǎng diǎn.

日本語：

チャレンジ！ 先生のあとについて発音し、日本語で表現してみよう。

（2） 我 每天 **七 点 半** 起床。　（※ “**起床**”：起きる）
Wǒ měitiān qī diǎn bàn qǐchuáng.

日本語：

♪ B03

2 前置詞③ “骑(qí)”、“坐(zuò)” （“骑／坐”＋乗り物＋“来／去”：「乗り物」デ クル／イク）

［1］ 他 每天 **骑** 摩托车 **来** 大学。（彼は毎日バイクで大学に来ます）
Tā měitiān qí mótuōchē lái dàxué.

［2］ 我 **坐** 地铁 **去** 打工。（私は地下鉄でアルバイトに行きます。）
Wǒ zuò dìtiě qù dǎgōng.

♪ B04

トライ！ 先生のあとについて発音し、日本語で表現してみよう。

（1） 明天 我 **骑** 自行车 **去**。　（※ “**自行车**”：自転車）
Míngtiān wǒ qí zìxíngchē qù.

日本語：

チャレンジ！ 先生のあとについて発音し、日本語で表現してみよう。

（2） 今天 晚上 他 **坐** 公交车 **来** 我 家。　（※ “**公交车**”：路線バス）
Jīntiān wǎnshang tā zuò gōngjiāochē lái wǒ jiā.

日本語：

(3) 明年 暑假 我们 **坐** 飞机 **去** 北海道 旅游。
Míngnián shǔjià wǒmen zuò fēijī qù Běihǎidào lǚyóu.
（※ **"暑假"**：夏休み、**"飞机"**：飛行機、**"旅游"**：旅行する）

日本語：

♪ B05

3 前置詞④ "离 (lí)" （"离"＋「場所」＋"近 (jìn) ／远 (yuǎn)"＝「場所」カラ 近い／遠い）

我 家 **离** 这儿 很 **远**。（私の家はここから遠いです。）
Wǒ jiā lí zhèr hěn yuǎn.

♪ B06

トライ！ **先生のあとについて発音し、日本語で表現してみよう。**

(1) 我们 大学 **离** 车站 很 **近**。 （※ **"车站"**：駅）
Wǒmen dàxué lí chēzhàn hěn jìn.

日本語：

チャレンジ！ **先生のあとについて発音し、日本語で表現してみよう。**

(2) 你 家 **离** 这儿 **远** 吗？ —— 很 远。 ／ 不 远。
Nǐ jiā lí zhèr yuǎn ma? Hěn yuǎn. Bù yuǎn.

日本語：

♪ B07

4 "还是 (háishi)" の用法 （品詞の兼務③ -1. 接続詞②、2. 副詞④）

[1] 接続詞②（選択疑問文）：（(是) A "还是" B？ ＝Aか、それともBか）
你 （是） 喝 中国茶 **还是** 喝 日本茶？ （あなたは中国茶を飲みますか、
Nǐ (shì) hē Zhōngguóchá háishi hē Rìběnchá? それとも日本茶を飲みますか。）

[2] 副詞④（やはり）
我 **还是** 喝 中国茶 吧。（私はやはり中国茶を飲みましょう。）
Wǒ háishi hē Zhōngguóchá ba.

♪ B08

トライ！ **先生のあとについて発音し、日本語で表現してみよう。**

(1) 你 骑 车 去 **还是** 坐 公交车 去？ —— 我 坐 公交车 去。
Nǐ qí chē qù háishi zuò gōngjiāochē qù? Wǒ zuò gōngjiāochē qù.

日本語：

チャレンジ！ **先生のあとについて発音し、日本語で表现してみよう。**

(2) 明天 我们 七 点 出发 **还是** 八 点 出发？ —— **还是** 七 点 出发 吧。
Míngtiān wǒmen qī diǎn chūfā háishi bā diǎn chūfā? Háishi qī diǎn chūfā ba.
（※**出发**：出発する）

日本語：

5 疑問詞疑問文③ “怎么 (zěnme)” の２つの用法 （“怎么”＝どういう状況であるのか。）

♪ B09

[1]「“怎么”＋V？」：（ドウやってVスルのか。）（➢ 第６課本文）

我们 怎么 去? —— 我们 坐 公交车 去 吧。
Wǒmen zěnme qù? Wǒmen zuò gōngjiāochē qù ba.
（私たちはどうやって行きますか。） （私たちはバスで行きましょう。）

♪ B10

トライ！ 先生のあとについて発音し、日本語で表現してみよう。

(1) 这个 字 **怎么** 念? （※ “**字**”：字、“**念**”：発音する）
Zhège zì zěnme niàn?

日本語：

チャレンジ！ 先生のあとについて発音し、日本語で表現してみよう。

(2) 这 种 蔬菜 **怎么** 吃? （※ “**种**”：種類、“**蔬菜**”：野菜）
Zhè zhǒng shūcài zěnme chī?

日本語：

♪ B11

[2]「“怎么”＋Sentence？」：（ドウして Sentence なのか。）

他 **怎么** 不 来? —— 他 身体 不 好。
Tā zěnme bù lái? Tā shēntǐ bù hǎo.
（彼はどうして来ないのですか。） （彼は体の調子が良くないです。）

♪ B12

トライ！ 先生のあとについて発音し、日本語で表現してみよう。

(1) 这个 点心 你 **怎么** 不 吃? —— 我 不 喜欢 这个。
Zhège diǎnxin nǐ zěnme bù chī? Wǒ bù xǐhuan zhèige.

日本語：

♪ B13

6 “觉得 (juéde) ～” の表現 （～と感じる）

这 件 衣服 你 **觉得** 怎么样? —— 我 **觉得** 很 漂亮。
Zhè jiàn yīfu nǐ juéde zěnmeyàng? Wǒ juéde hěn piàoliang.
（この洋服はあなたはどのように感じ（てい）ますか。） （とてもきれいだと感じます。）

♪ B14

トライ！ 先生のあとについて発音し、日本語で表現してみよう。

(1) 我 **觉得** 这个 咖啡厅 的 咖啡 很 好喝。
Wǒ juéde zhège kāfēitīng de kāfēi hěn hǎohē.

日本語：

♪ B15

本文　怎么去?　（どうやって行くの？）
Zěnme qù?

—渡辺さんが友人たちと、どうやって北海公園に行くか、相談しています—

现在　十　点　半。高桥　问　大家：“咱们　怎么
Xiànzài　shí　diǎn　bàn.　Gāoqiáo　wèn　dàjiā:　“Zánmen　zěnme

去　北海公园?　是　骑　车　去　还是　坐　公交车　去
qù　Běihǎi-gōngyuán?　Shì　qí　chē　qù　háishi　zuò　gōngjiāochē　qù

呢?”孙　国伟　觉得　北海公园　离　大学　太　远　了,
ne?”　Sūn　Guówěi　juéde　Běihǎi-gōngyuán　lí　dàxué　tài　yuǎn　le,

还是　坐　公交车　去　比较　方便。最后　大家　决定
háishi　zuò　gōngjiāochē　qù　bǐjiào　fāngbiàn.　Zuìhòu　dàjiā　juédìng

坐　公交车　去。
zuò　gōngjiāochē　qù.

【注】

问　動詞　たずねる
第7課ポ③
第15課ポ《まとめ②》

咱们　人称代名詞　私たち
第1課ポ【語句1】

呢　語気助詞　確認の語気
第12課ポ⑥-[2]

比较　副詞　比較的、わりと

方便　形容詞　便利だ

最后　副詞　最後に

决定　動詞　決定する
第15課ポ《まとめ②》

ブラッシュアップ！　**本文を日本語で表現してみよう。**

〈北京の歴史遺産②〉

北海公園は故宮の北西にあります。今から一千年以上前に、契丹族の王朝である遼の時代に築かれた御苑で、その後、金、元、明、清代を通じて、宮廷の御苑として栄えた宮廷庭園です。**広さは故宮とほぼ同じ**で、敷地の半分以上が**北海という人工の湖**です。

北海公園の東隣には**景山公園**があります。この景山というのは、人工湖である北海を作った時の土を盛って作られた**人工の山**で、元代の御苑です。明代の第三代皇帝永楽帝は紫禁城（故宮）を作るときに出た残土で、ここに5つの人工の山を築き、その1つである万春亭からは、故宮の全景および北京市内を一望することができます。さらに清代には、ここは皇室の禁苑となりました。

皇帝の務めの1つは神への祈祷でした。そのため、故宮を囲むように、南に天壇、北に地壇、東に日壇、西に月壇という4つの祈祷場所を設けました。現在はそれぞれ公園となっています。そのうちの**天壇公園**は、明、清時代に皇帝が年に1度、天に祈った場所で、4つのうちで一番広く、**面積は故宮の4倍**ほどあります。

この他、**周口店北京原人遺跡**、**万里の長城**、**明の十三陵**、**頤和園**など、北京にはたくさんの歴史遺産があります。

第 7 课
Dì qī kè

表現のポイントと〈エクササイズ〉

♪ B16

【語句6】 親族呼称

爷爷 yéye（祖父 zǔfù）—— 奶奶 nǎinai（祖母 zǔmǔ）

外公 wàigōng（外祖父 wàizǔfù）（姥爷 lǎoye）—— 外婆 wàipó（外祖母 wàizǔmǔ）（姥姥 lǎolao）

爸爸 bàba（父亲 fùqin）—— 妈妈 māma（母亲 mǔqin）

哥哥 gēge　姐姐 jiějie　**我** wǒ　妹妹 mèimei　弟弟 dìdi

♪ B17

1 “有 (yǒu)”の文型 （存在を表す） ☆否定型は“没有”

＜基本型＞ 我 **有** 一个 妹妹。（私には一人妹がいます。）
Wǒ yǒu yíge mèimei.

＜否定型＞ 我 **没有** 妹妹。（私には妹はいません。）
Wǒ méiyou mèimei.

＜疑問型＞ ① 対人的語気助詞“吗”の疑問

你 **有** 兄弟姐妹 **吗**? —— 有，我 有 一个 哥哥。 / **没有。**
Nǐ yǒu xiōngdìjiěmèi ma? — Yǒu, wǒ yǒu yíge gēge. / Méiyou.
（あなたは兄弟姉妹がいますか。） （います、兄が一人います。 / いません。）

② 反復形式の疑問

你 **有 没有** 兄弟姐妹? —— 有，我 有 两个 姐姐。 / **没有。**
Nǐ yǒu méiyou xiōngdìjiěmèi? — Yǒu, wǒ yǒu liǎngge jiějie. / Méiyou.
（あなたは兄弟姉妹がいますか。） （います、姉が二人います。 / いません。）

♪ B18

トライ！ 先生のあとについて発音し、日本語で表現してみよう。

(1) 我 **有** 一 台 电子 词典。 （※“**电子词典**”：電子辞書）
Wǒ yǒu yì tái diànzǐ cídiǎn.

日本語：

(2) 我 家 **有** 五 口 人。 （※“**口**”：家族の人数の数え方）
Wǒ jiā yǒu wǔ kǒu rén.

日本語：

チャレンジ！ 先生のあとについて発音し、日本語で表現してみよう。

(3) 那儿 **有** 银行。 （※“**银行**”：銀行）
Nàr yǒu yínháng.

日本語：

(4) 这 附近 **有** 银行 **吗**? —— **有**。／ **没有**。 （※“**附近**”：付近、近く）
Zhè fùjìn yǒu yínháng ma? Yǒu. Méiyou.

日本語：

(5) 北京 **有** 很 多 名胜古迹。 （※“**名胜古迹**”：名所旧跡）
Běijīng yǒu hěn duō míngshènggǔjì.

日本語：

♪ B19

2 疑問詞疑問文④ “几 (jǐ)”と“多少 (duōshao)” （数をたずねる：“几”＝一桁が目安、“多少”＝それ以上）

[1] 你 家 有 **几** 口 **人**? —— 四 口 人。（➢ 第7課本文）
Nǐ jiā yǒu jǐ kǒu rén? Sì kǒu rén.
（あなたはの家は何人家族ですか。） （四人家族です）

[2] 你们 大学 有 **多少**(个) 留学生? —— 有 一百 多 个 留学生。
Nǐmen dàxué yǒu duōshao(ge) liúxuéshēng? Yǒu yìbǎi duō ge liúxuéshēng.
（あなたたちの大学には何人留学生がいますか。） （百人余りいます。）

♪ B20

トライ！ 先生のあとについて発音し、日本語で表現してみよう。

(1) 你 有 **几个** 兄弟姐妹? —— 我 没有 兄弟姐妹，我 是 独生子。
Nǐ yǒu jǐge xiōngdìjiěmèi? Wǒ méiyou xiōngdìjiěmèi, wǒ shì dúshēngzǐ.
（※“**独生子**”：（男子の）一人っ子）

日本語：

(2) 现在 **几** 点? —— 九 点 一 刻。
Xiànzài jǐ diǎn? Jiǔ diǎn yí kè.

日本語：

(3) 你们 班级 有 **多少**(个) 学生? —— 二十七个。 （※“**班级**”：クラス）
Nǐmen bānjí yǒu duōshao(ge) xuésheng? Èrshiqīge.

日本語：

チャレンジ！ 先生のあとについて発音し、日本語で表現してみよう。

(4) 你 的 生日 **几** 月 **几** 号? —— 五 月 三十一 号。 (※"**生日**"：誕生日)
Nǐ de shēngrì jǐ yuè jǐ hào? Wǔ yuè sānshiyī hào.

日本語：

(5) 你 **几** 岁? —— 八 岁。
Nǐ jǐ suì? Bā suì.

日本語：

(6) 中国 有 **多少**（个） 世界 遗产? —— 有 五十五个。
Zhōngguó yǒu duōshao (ge) shìjiè yíchǎn? Yǒu wǔshiwǔge.

(※"**世界 遗产**"：世界遺産)

日本語：

♪ B21

3 二重目的語の表現

我 想 **问** 她 一个 问题。(私は彼女に一つ質問しようと思います。)
Wǒ xiǎng wèn tā yíge wèntí.

♪ B22

トライ！ 先生のあとについて発音し、日本語で表現してみましょう。

(1) 她 **问** 我："你 家 有 几 口 人?"
Tā wèn wǒ: "Nǐ jiā yǒu jǐ kǒu rén?"

日本語：

チャレンジ！ 先生のあとについて発音し、日本語で表現してみよう。

(2) 他 **教** 我 汉语，我 **教** 他 日语。
Tā jiāo wǒ Hànyǔ, wǒ jiāo tā Rìyǔ.

日本語：

(3) 大家 都 **叫** 我 小美。
Dàjiā dōu jiào wǒ Xiǎo-Měi.

日本語：

♪ B23

本文 兄弟姐妹 （兄弟姉妹）

Xiōngdìjiěmèi

—渡辺さんと林紅さんが自分の家族について紹介します—

我家**有**五口人，**爸爸**、**妈妈**、**哥哥**、**姐姐**和
Wǒ jiā yǒu wǔ kǒu rén, bàba、 māma、 gēge、 jiějie hé

我。我**哥哥**二十四岁，我**姐姐**二十一岁，我十九
wǒ. Wǒ gēge èrshisì suì, wǒ jiějie èrshiyī suì, wǒ shíjiǔ

岁。
suì.

我**问**林红：“你家**有几**口人？你**有**
Wǒ wèn Lín Hóng: “Nǐ jiā yǒu jǐ kǒu rén? Nǐ yǒu

兄弟姐妹吗？”她回答说：“我家只**有**三口人，
xiōngdìjiěmèi ma?” Tā huídá shuō: “Wǒ jiā zhǐ yǒu sān kǒu rén,

我**没有**兄弟姐妹。真羡慕你**有哥哥**和**姐姐**！”
wǒ méiyou xiōngdìjiěmèi. Zhēn xiànmù nǐ yǒu gēge hé jiějie!”

【注】

中国語の句読点

①「。」：句号（jùhào）
文の終わり

②「，」：逗号（dòuhào）
文中のポーズ

③「、」：顿号（dùnhào）
並列関係

回答 動詞 答える

说 動詞 言う
第15課ポ《まとめ②》

只 副詞 ただ〜だけ

羡慕 動詞 うらやむ
第15課ポ《まとめ②》

ブラッシュアップ！ **本文を日本語で表現してみよう。**

〈中国の人口〉

1949年10月1日、中華人民共和国成立時の人口は約5億5千万人でした。その後、当時の国家主席であった毛沢東の出産奨励政策により人口が増加。建国から約30年後の1980年代に入ると、人口は10億人を超えました。

中国は1979年から2014年まで、約35年間に及ぶ「一人っ子政策（“独生子女政策 dúshēngzínǚ zhèngcè”）」＝一組の夫婦は原則的に子どもを一人しかもうけることができないという人口抑制制度を実施しました。その結果、人口の増加率を抑制することはできましたが、建国から68年目の2017年には14億人を突破しました。そしてそのまま2030年まで中国の人口は増加すると国連も予測していましたが、2022年に人口が減少しはじめました。現在中国では、人口減少問題に加え、人工的に人口分布を操作したことによって、男女比の割合の不均衡や、65歳以上の人口が15歳以下の人口を上回るなどの問題も出てきています。

第 8 课
Dì bā kè

表現のポイントと〈エクササイズ〉

1 “在 (zài)” の用法 （品詞の兼務④ -1. 動詞、2. 前置詞⑤、3. 補語①、4. 副詞⑤）

♪ B24

[1] 動詞 （“在”＋場所名詞：「場所」ニ アル／イル）（➢ 第 8 課本文）

他 **在** 家。（彼は家にいます。）
Tā zài jiā.

♪ B25

トライ！ 先生のあとについて発音し、日本語で表現してみよう。

(1) 我 家 **在** 北京。
Wǒ jiā zài Běijīng.

日本語：

(2) 王 老师 不 **在** 这儿。
Wáng lǎoshī bú zài zhèr.

日本語：

チャレンジ！ 先生のあとについて発音し、日本語で表現してみよう。

(3) 邮局 **在** 哪儿? —— **在** 车站 附近。
Yóujú zài nǎr? Zài chēzhàn fùjìn.
（※ “**邮局**”：郵便局）

日本語：

♪ B26

[2] 前置詞⑤ （“在”＋場所名詞＋V（＋O）：「場所」ニ／デ Vスル）（➢ 第 8 課本文）

我 妈 **在** 一 家 贸易 公司 **工作**。（私の母は貿易会社で仕事をしています。）
Wǒ mā zài yì jiā màoyì gōngsī gōngzuò.

♪ B27

トライ！ 先生のあとについて発音し、日本語で表現してみよう。

(1) 每天 下午 我 都 **在** 图书馆 **看** **书**。
Měitiān xiàwǔ wǒ dōu zài túshūguǎn kàn shū.

日本語：

チャレンジ！ 先生のあとについて発音し、日本語で表現してみよう。

(2) 你们 **在** 哪儿 **吃** **午饭**? —— **在** 学生食堂 **吃**。
Nǐmen zài nǎr chī wǔfàn? Zài xuéshēngshítáng chī.
（※ “**午饭**”：昼食、“**食堂**”：食堂）

日本語：

♪ B28

[3] 補語① （V ＋“在”＋場所名詞：「場所」ニ／デ　Vスル）（➢ 第 8 課本文）

她　现在　住在　北京。（彼女は今北京に住んでいます。）
Tā　xiànzài　zhùzài　Běijīng.

♪ B29

トライ！　先生のあとについて発音し、日本語で表現してみよう。

（1）他　生在　西安，长在　上海。　（※“生”：生まれる、“长”：成長する）
Tā　shēngzài　Xī'ān,　zhǎngzài　Shànghǎi.

日本語：

チャレンジ！　先生のあとについて発音し、日本語で表現してみよう。

（2）弟弟　躺在　床上　睡觉。　（※“躺”：横になる、“床上”：ベッド（の上）、“睡觉”：寝る）
Dìdi　tǎngzài　chuángshang　shuìjiào.

日本語：

♪ B30

[4] 副詞⑤ （（“在”＋V（＋O）：Vシテイル）＝動作の進行形）（➢ 第 10 課本文）

他　在　看　书。（彼は本を読んでいます。）
Tā　zài　kàn　shū.

♪ B31

トライ！　先生のあとについて発音し、日本語で表現してみよう。

（1）现在　他　在　休息。　（※“休息”：休憩する）
Xiànzài　tā　zài　xiūxi.

日本語：

チャレンジ！　先生のあとについて発音し、日本語で表現してみよう。

（2）你　在　做　作业　吗？　（※“做 作业”：宿題をやる）
Nǐ　zài　zuò　zuòyè　ma?

日本語：

—— 对，我　在　做　作业。
Duì,　wǒ　zài　zuò　zuòyè.

日本語：

—— 我　没　在　做　作业。
Wǒ　méi　zài　zuò　zuòyè.

日本語：

♪ B32

2 疑問詞疑問文⑤ 「“什么 (shénme)”＋名詞」

> 你 做 **什么** **工作**？（あなたはどういう仕事をしていますか。）
> Nǐ zuò shénme gōngzuò?

♪ B33

トライ！ 先生のあとについて発音し、日本語で表現してみよう。

(1) 你 家 在 日本 的 **什么** **地方？** —— 我 家 在 京都。 （※“什么地方”：どこ）
Nǐ jiā zài Rìběn de shénme dìfang? Wǒ jiā zài Jīngdū.

日本語：

(2) 你 **什么** **时候** 去 中国 **留学？** —— 明年 暑假。（※“什么时候”：いつ）
Nǐ shénme shíhou qù Zhōngguó liúxué? Míngnián shǔjià.

日本語：

チャレンジ！ 先生のあとについて発音し、日本語で表現してみよう。

(3) 你 叫 **什么** **名字？** （※“名字”：名前）
Nǐ jiào shénme míngzi?

日本語：

♪ B34

3 名詞と動詞に用いられる語 （品詞の兼務⑤）

> **“工作”＝名詞**：你 做 什么 **工作**？ ／ **動詞**：你 在 哪儿 **工作**？
> Nǐ zuò shénme gōngzuò? ／ Nǐ zài nǎr gōngzuò?
> （あなたはどんな仕事をしていますか。） （あなたはどこで仕事をしていますか。）

♪ B35

トライ！ 先生のあとについて発音し、日本語で表現してみよう。

(1) “希望”＝名詞：他 很 有 **希望**。
xīwàng Tā hěn yǒu xīwàng. 日本語：

動詞：我 **希望** 将来 当 一 名 教师。（※“将来”：将来、“名”：量詞
Wǒ xīwàng jiānglái dāng yì míng jiàoshī. “当 教师”：教師になる）

日本語：

チャレンジ！ 先生のあとについて発音し、日本語で表現してみよう。

(2) “病”＝名詞：他 的 **病** 好 了。
bìng Tā de bìng hǎo le.

日本語：

動詞：他 **病** 了。
Tā bìng le. 日本語：

♪ B36

本文 爸爸和妈妈 （お父さんとお母さん）
Bàba hé māma

—渡辺さんが日本の住まいや両親について紹介します—

我 家 **在** 东京。 我 的 爸爸 **在** 一 家 贸易
Wǒ jiā zài Dōngjīng. Wǒ de bàba zài yì jiā màoyì

公司 **工作**，我 的 妈妈 **在** 邮局 上班。 林 红 是
gōngsī gōngzuò, wǒ de māma zài yóujú shàngbān. Lín Hóng shì

上海人， 现在 住**在** 北京 海淀区。她 的 爸爸 和
Shànghǎirén, xiànzài zhùzài Běijīng Hǎidiànqū. Tā de bàba hé

妈妈 都 是 高中 老师，她 爸爸 教 数学，她 妈妈
māma dōu shì gāozhōng lǎoshī, tā bàba jiāo shùxué, tā māma

教 英语。 我们 的 爸爸 妈妈 每天 都 很 忙。
jiāo Yīngyǔ. Wǒmen de bàba māma měitiān dōu hěn máng.

你们 的 爸爸 妈妈 做 **什么** **工作**？
Nǐmen de bàba māma zuò shénme gōngzuò?

【注】

家 量詞 企業や商店の数え方

上班 動詞 出勤する

海淀区 地名 北京市の14区の1つ。中心部から西方に位置する

高中 名詞 高等学校
第1課本文コラム参照

教 動詞 教える

数学 名詞 数学

ブラッシュアップ！ **本文を日本語で表現してみよう。**

〈女性の社会進出〉

中国はもともと「男尊女卑」の文化でした。しかし1949年の建国以来、男女の“同工同酬 tónggōng tóngchóu”という考え方、つまり「男女が平等に仕事をして、同じ給料を得る」という考え方のもとで、女性の社会進出が進みました。さらに1978年から「改革開放政策（市場経済の導入と対外開放政策）」が実施されたことによって進展が見られました。世界経済フォーラム（WEF）は、4つの指標（①経済的参加度および機会、②教育達成度、③健康と寿命、④政治への関与）によって、毎年各国の「ジェンダー・ギャップ指数＝GGI（ジェンダー間の格差を算定したもの）」を発表しています。日本は特に①と④で順位が低く、その結果、総合で中国や韓国と比較しても低い順位です。いつになったら日本は「男女共同参画先進国」と言われるようになるのでしょうか（2022年7月31日発表の日本のGGIは146か国中116位）。これは日本人全体の意識改革にかかっていると言うことができます。

表現のポイントと〈エクササイズ〉

♪ B37

【語句７】 時の表現③ （“上 (shàng)”、“下 (xià)”、“这 (zhè)”を用いた表現）

過去（“上”）↓	上(个)星期 shàng (ge) xīngqī （先週）	上(个)星期 一 shàng (ge) xīngqī yī （先週の月曜日）	上个 周末 shàngge zhōumò （先週末）	上个 月 shàngge yuè （先月）	上 次 shàng cì （前回）
●現在（“这”）	这(个)星期 zhè (ge) xīngqī （今週）	这(个)星期 二 zhè (ge) xīngqī èr （今週の火曜日）	这个 周末 zhège zhōumò （今週末）	这个 月 zhège yuè （今月）	这 次 zhè cì （今回）
↓ 未来（“下”）	下(个)星期 xià (ge) xīngqī （来週）	下(个)星期 三 xià (ge) xīngqī sān （来週の水曜日）	下个 周末 xiàge zhōumò （来週末）	下个 月 xiàge yuè （来月）	下 次 xià cì （次回）

♪ B38

トライ！ 先生のあとについて発音し、日本語で表現してみよう。

（1） **上（个） 星期** 很 热。 （※“热”：暑い）
Shàng(ge) xīngqī hěn rè.

日本語：

チャレンジ！ 先生のあとについて発音し、日本語で表現してみよう。

（2） 她 **这个 周末** 来 日本。
Tā zhège zhōumò lái Rìběn.

日本語：

（3） **下 次** 我们 一起 去 西安 吧。 （※“一起”＋V：一緒にVする）
Xià cì wǒmen yìqǐ qù Xī'ān ba.

日本語：

♪ B39

1 **“喜欢 (xǐhuan)”の用法** （1. Nガ 好きだ、2. Vスル のが 好きだ）

[1]“喜欢”＋N：Nガ 好きだ。
我 **喜欢** 狗。（私は犬が好きです。）
Wǒ xǐhuan gǒu.

[2]“喜欢”＋V：Vスル のが 好きだ。（➢ 第 9 課、第 15 課本文）
我 **喜欢** 听 音乐。（私は音楽を聴くのが好きです。）
Wǒ xǐhuan tīng yīnyuè.

♪ B40

トライ！ **先生のあとについて発音し、日本語で表現してみよう。**

(1)　她　**喜欢**　猫，**不**　**喜欢**　狗。　（※ “**猫**”：ネコ）
Tā　xǐhuan　māo,　bù　xǐhuan　gǒu.

日本語：

チャレンジ！ **先生のあとについて発音し、日本語で表現してみよう。**

(2)　他　**喜欢**　唱　歌，也　**喜欢**　跳　舞。　（※ “**唱 歌**”：歌を歌う、“**跳 舞**”：ダンスする）
Tā　xǐhuan　chàng　gē,　yě　xǐhuan　tiào　wǔ.

日本語：

♪ B41

2　時態助詞②　「動詞－“过 (guo)”」（すでに経過している動作・行為を表す）

＜肯定型＞　他　**去过**　美国。（彼はアメリカに行ったことがあります。）
Tā　qùguo　Měiguó.

＜否定型＞　他　**没**　去过　韩国。（彼は韓国に行ったことがありません。）
Tā　méi　qùguo　Hánguó.

♪ B42

トライ！ **先生のあとについて発音し、日本語で表現してみよう。**

(1)　我　吃过　北京　烤鸭。　（※ “**北京 烤鸭**”：北京ダック）
Wǒ　chīguo　Běijīng　kǎoyā.

日本語：

チャレンジ！ **先生のあとについて発音し、日本語で表现してみよう。**

(2)　你　去过　欧洲　吗？　——　去过　两　次。／　**没**　去过。　（※ “**欧洲**”：ヨーロッパ）
Nǐ　qùguo　Ōuzhōu　ma?　Qùguo　liǎng　cì.　Méi　qùguo.

日本語：

♪ B43

3　副詞⑥　“还 (hái)”（“还～”：その上さらに～だ）

[1]　“还”＋肯定型

我　喜欢　游泳，**还**　喜欢　打球。
Wǒ　xǐhuan　yóuyǒng,　hái　xǐhuan　dǎqiú.
（私は泳ぐのが好きで、さらに球技をするのが好きです。）

[2]　“还”＋否定型

她　来了　吗？——　她　来了。　／　她　没　来。　／　她　**还**　**没**　来。
Tā　láile　ma?　Tā　láile.　Tā　méi　lái.　Tā　hái　méi　lái.
（彼女は来ましたか。）　（彼女は来ました。）　（彼女は来ていません。）　（彼女はまだ来ていません。）
（彼女は来ています）　（彼女は来ませんでした。）

♪ B44

トライ！ 先生のあとについて発音し、日本語で表現してみよう。

(1) 我 学习 汉语，**还** 学习 法语。 （※“**法语**”：フランス語）
Wǒ xuéxí Hànyǔ, hái xuéxí Fǎyǔ.

日本語：

チャレンジ！ 先生のあとについて発音し、日本語で表現してみよう。

(2) 我 想 吃 饺子，**还** 想 吃 炒饭。
Wǒ xiǎng chī jiǎozi, hái xiǎng chī chǎofàn.
（※“**饺子**”：ギョウザ、“**炒饭**”：チャーハン）

日本語：

(3) 欧洲 我 **还** **没** 去过。
Ōuzhōu wǒ hái méi qùguo.

日本語：

♪ B45

4 疑問詞（“几 (jǐ)”、“什么 (shénme)”、“哪儿 (nǎr)” など）の不定代名詞の用法

（“儿”：いくつか、“什么”：何か、“哪儿”：どこか）

我们 **几个** 打算 下个 月 一起 去 桂林 旅游。（➢ 第9課本文）
Wǒmen jǐge dǎsuan xiàge yuè yìqǐ qù Guìlín lǚyóu.
（私たち数名は来月一緒に桂林に旅行に行く予定です。）

♪ B46

トライ！ 先生のあとについて発音し、日本語で表現してみよう。

(1) 你 想 吃 什么？ —— 你 吃 **什么**， 我 也 吃 **什么**。
Nǐ xiǎng chī shénme? Nǐ chī shénme, wǒ yě chī shénme.

日本語：

チャレンジ！ 先生のあとについて発音し、日本語で表現してみよう。

(2) 这个 暑假 你 打算 去 **哪儿** 旅游 吗？ （※“**暑假**”：夏休み）
Zhège shǔjià nǐ dǎsuan qù nǎr lǚyóu ma?

日本語：

—— 我 打算 去 海南岛 旅游。
Wǒ dǎsuan qù Hǎinándǎo lǚyóu.

日本語：

♪ B47

本文 兴趣和爱好《Xìngqù hé àihào》 （興味と趣味）

—高橋さんと孫国偉さんの趣味についての紹介です—

高桥《Gāoqiáo》的《de》爱好《àihào》是《shì》上网《shàngwǎng》、听《tīng》音乐《yīnyuè》。孙《Sūn》国伟《Guówěi》的《de》兴趣《xìngqù》很《hěn》广泛《guǎngfàn》，**喜欢**《xǐhuan》看《kàn》书《shū》、唱《chàng》歌《gē》、跳《tiào》舞《wǔ》、游泳《yóuyǒng》、打球《dǎqiú》等等《děngděng》。对《Duì》了《le》，他们《tāmen》俩《liǎ》**还**《hái》喜欢《xǐhuan》旅行《lǚxíng》。高桥《Gāoqiáo》**去过**《qùguo》中国《Zhōngguó》很《hěn》多《duō》城市《chéngshì》，但是《dànshì》西安《Xī'ān》**还**《hái》**没**《méi》**去过**《qùguo》。我《Wǒ》和《hé》孙《Sūn》国伟《Guówěi》也《yě》**没**《méi》去过《qùguo》西安《Xī'ān》。我们《Wǒmen》**几个**《jǐge》打算《dǎsuan》**这个**《zhège》**周末**《zhōumò》一起《yìqǐ》去《qù》西安《Xī'ān》旅游《lǚyóu》。

【注】

- **爱好** 名詞 趣味
- **上网** 動詞 インターネットする
- **兴趣** 名詞 趣味、興味
- **广泛** 形容詞 広範囲だ
- **等等** 助詞 など
- **对了** 慣用表現 （思い出して）そうそう
- **俩** 名詞 二人
- **旅行** 動詞 旅行する
- **城市** 名詞 都市
- **但是** 接続詞 ただし

第 15 課ポ3-[1]

ブラッシュアップ！ **本文を日本語で表現してみよう。**

〈西安の歴史〉

現在の西安は陝西省の省都で、中国西部地域の教育、科学研究、金融の中心地です。

西安の周辺には、紀元前 11 世紀ごろから紀元後 10 世紀までの約 2000 年間に、11 の王朝が 1100 年にわたって都を置きました。紀元前 202 年に漢王朝が興ると「長安」と呼ばれ、14 世紀に明王朝が興ると「西安」と呼ばれるようになりました。西安は都であった期間が長いので、ローマ、アテネ、カイロとともに、**「世界四大古都」**と呼ばれています。また、現在も都市そのものが歴史をそのまま残しているので、「天然歴史博物館」とも呼ばれています。

“北京官 guān 多，上海钱 qián 多，西安坟 fén 多”という言い方があります。これは「北京には役人が多く、上海には金持ちが多く、西安には陵墓が多い」という意味です。

第10课
Dì shí kè

表現のポイントと〈エクササイズ〉

♪ B48

1 比較の表現(1)前置詞⑥“比（bǐ）”（A“比”B～＝AハBト比べて＋比較の結果ダ。）

上海	人口	**比**	北京	多。	（上海の人口は北京より多い。）
Shànghǎi	rénkǒu	bǐ	Běijīng	duō.	
Aハ		Bと比べて		比較の結果ダ。	

♪ B49

トライ！ 先生のあとについて発音し、日本語で表現してみよう。

(1) 我 喜欢 玩儿 游戏，我 弟弟 **比** 我 更 喜欢 玩儿 游戏。
Wǒ xǐhuan wánr yóuxì, wǒ dìdi bǐ wǒ gèng xǐhuan wánr yóuxì.
（※“**玩儿 游戏**”：ゲームで遊ぶ、“**更**”：さらに）

日本語：

チャレンジ！ 先生のあとについて発音し、日本語で表現してみよう。

(2) 你 的 个子 **比** 你 哥哥 高 吗？ （※“**个子**”：背丈、“**高**”：背が高い）
Nǐ de gèzi bǐ nǐ gēge gāo ma?

日本語：

—— 我 **不 比** 他 高。
Wǒ bù bǐ tā gāo.

日本語：

(3) 中国 的 国土 面积 **比** 日本 大 二十五 倍。
Zhōngguó de guótǔ miànjī bǐ Rìběn dà èrshiwǔ bèi.
（※“**面积**”：面積、“**倍**”：倍（ばい））

日本語：

♪ B50

2 比較の表現(2)“有(yǒu)”

<肯定型> A“有”B～：Aハ Bト同じように ～ダ。

黄河 **有** 长江 那么 长 吗？
Huánghé yǒu Chángjiāng nàme cháng ma?
（黄河は長江ほど（あんなに）長いですか。）

<否定型> A“没有”B～：Aハ Bホド ～ ではない。

黄河 **没有** 长江 那么 长。
Huánghé méiyou Chángjiāng nàme cháng.
（黄河は長江ほど長くないです。）

♪ B51

トライ！ **先生のあとについて発音し、日本語で表現してみよう。**

(1) 他 的 汉语 **没有** 你 这么 好。 （※ “这么”：こんなに）
Tā de Hànyǔ méiyou nǐ zhème hǎo.

日本語：

♪ B52

3 「形容詞 ＋“一点儿 (yìdiǎnr)”」の表現 （（程度が）わずかである）

这 件 衣服 比 那 件 贵 **一点儿**。（この服はあれより少し（値段が）高い。）
Zhè jiàn yīfu bǐ nà jiàn guì yìdiǎnr.

♪ B53

トライ！ **先生のあとについて発音し、日本語で表現してみよう。**

(1) 她 的 病 好 **一点儿** 了。
Tā de bìng hǎo yìdiǎnr le.

日本語：

チャレンジ！ **先生のあとについて発音し、日本語で表現してみよう。**

(2) 我 的 中文 水平 还 差 **一点儿**。 （※ “水平”：レベル、“差”：劣っている）
Wǒ de Zhōngwén shuǐpíng hái chà yìdiǎnr.

日本語：

♪ B54

4 “有意思 (yǒu yìsi)” の表現

＜肯定型＞ **“有 意思”**（面白い）
yǒu yìsi

＜否定型＞ **“没（有） 意思”**（面白くない）
méi(you) yìsi

♪ B55

トライ！ **先生のあとについて発音し、日本語で表現してみよう。**

(1) 这 部 动画片 比 那 部 动画片 **有 意思**。 （※ “部”：量詞）
Zhè bù dònghuàpiàn bǐ nà bù dònghuàpiàn yǒu yìsi. （※ “动画片”：アニメ）

日本語：

チャレンジ！ **先生のあとについて発音し、日本語で表現してみよう。**

(2) 这 本 小说 你 觉得 怎么样？ （※ “小说”：小説）
Zhè běn xiǎoshuō nǐ juéde zěnmeyàng?

日本語：

—— 我 觉得 这 本 小说 很 **没 意思**。
Wǒ juéde zhè běn xiǎoshuō hěn méi yìsi.

日本語：

♪ B56

5 構造助詞② “的 (de)” (2) ＝連体修飾 （動詞（句）／形容詞（句）＋“的”（＋名詞））

[1] 形容詞＋“的”＋名詞 （➢ 第 10 課本文）

日本 有 很 多 好看 **的** 动画片。（日本にはたくさんのきれいなアニメがあります。）
Rìběn yǒu hěn duō hǎokàn de dònghuàpiàn.

[2] 動詞＋“的”＋名詞 （➢ 第 15 課本文）

这 是 我 写 **的** 报告。（これは私が書いたレポートです。）
Zhè shì wǒ xiě de bàogào.

[3] 名詞／形容詞／動詞＋“的”（＋名詞） （➢ 第 10 課、第 15 課本文）

那 是 她 **的**。／ 我 不 喜欢 辣 **的**。／ 这 是 我 写 **的**。
Nà shì tā de. ／ Wǒ bù xǐhuan là de. ／ Zhè shì wǒ xiě de.
（あれは彼女のです。） （私は辛いのが嫌いです。） （これは私が書いたものです。）

♪ B57

トライ！ 先生のあとについて発音し、日本語で表現してみよう。

(1) 昨天 我 买了 一 盒 好吃 **的** 点心。 （※ **“一盒”**：一箱）
Zuótiān wǒ mǎile yì hé hǎochī de diǎnxin.

日本語：

(2) 他 是 我 最 喜欢 **的** 歌手。 （※ **“最”**：最も、**“歌手”**：歌手）
Tā shì wǒ zuì xǐhuan de gēshǒu.

日本語：

(3) 这 是 我 **的**，那 是 他 **的**。
Zhè shì wǒ de, nà shì tā de.

日本語：

♪ B58

6 “越来越 (yuè lái yuè) ～” の表現 （だんだん～、ますます～）

[1] 雨 **越** **来** **越** 大 了。（雨がだんだん強くなってきました。）（➢ 第 10 課本文）
Yǔ yuè lái yuè dà le.

[2] 汉语 **越** 学 **越** 有 意思。（中国語は勉強すればするほど面白くなります。）
Hànyǔ yuè xué yuè yǒu yìsi.

♪ B59

トライ！ 先生のあとについて発音し、日本語で表現してみよう。

(1) 出国 留学 的 人 **越** **来** **越** 多 了。 （※ **“出国”**：出国する）
Chūguó liúxué de rén yuè lái yuè duō le.

日本語：

(2) 行李 **越** 轻 **越** 好。 日本語：
Xíngli yuè qīng yuè hǎo.

（※ **“行李”**：荷物、**“轻”**：軽い）

♪ B60

本文 中国动漫 （中国のアニメと漫画）

Zhōngguó dòngmàn

—中国のアニメとマンガ事情の紹介です—

你们 看过 中国 动漫 吗? 我 和 孙 国伟
Nǐmen kànguo Zhōngguó dòngmàn ma? Wǒ hé Sūn Guówěi

最近 在 看 中国 动漫。 以前 中国 动漫 的
zuìjìn zài kàn Zhōngguó dòngmàn. Yǐqián Zhōngguó dòngmàn de

制作 技术 比 日本 差 一点儿。 内容 比较 简单,
zhìzuò jìshù bǐ Rìběn chà yìdiǎnr. Nèiróng bǐjiào jiǎndān,

画面 也 没有 日本 的 好看。 不过 这 几 年 进步
huàmiàn yě méiyou Rìběn de hǎokàn. Búguò zhè jǐ nián jìnbù

太 大 了! 好看 的 动漫 越 来 越 多 了。 内容
tài dà le! Hǎokàn de dòngmàn yùe lái yùe duō le. Nèiróng

也 比 以前 有 意思 多 了。
yě bǐ yǐqián yǒu yìsi duō le.

【注】

过 事態助詞 第9課ポ2

在 副詞 在＋V：進行形 第8課ポ1-[4]

以前 名詞 以前

制作 名詞 製作

技术 名詞 技術

内容 名詞 内容

简单 形容詞 簡単だ

画面 名詞 映像

不过 接続詞 でも 第15課ポ3-[2]

进步 名詞 進歩

ブラッシュアップ！ 本文を日本語で表現してみよう。

〈日本のマンガを中国語で〉

中国で人気のある日本のマンガは、中国語では次のような名前となっています。

「クレヨンしんちゃん」	：蜡笔小新 Làbǐ Xiǎoxīn	「NARUTO」	：火影忍者 Huǒyǐng rěnzhě
「ちびまる子ちゃん」	：樱桃小丸子 Yīngtáo Xiǎowánzǐ	「ドラゴンボール」	：龙珠 Lóngzhū
「名探偵コナン」	：名侦探柯南 Míngzhēntàn Kēnán	「ワンピース」	：航海王 Hánghǎiwáng
「ポケットモンスター」	：宝可梦 Bǎokěmèng	「鬼滅の刃」	：鬼灭之刃 Guǐmiè zhī rèn

第11课
Dì shíyī kè

表現のポイントと〈エクササイズ〉

♪ B61

【語句8】 百以上の数字

100：一百 yìbǎi	101：一百 零 一 yìbǎi líng yī	110：一百 一(十) yìbǎi yī(shí)	111：一百 一十一 yìbǎi yīshiyī
200：二百（两百） èrbǎi (liǎngbǎi)	一千　两千 yìqiān liǎngqiān	一万　两万 yíwàn liǎngwàn	一亿　两亿 yíyì liǎngyì （1億）（2億）

♪ B62

【語句9】中国語のお金の単位

お金（“人民币 Rénmínbì”）			
	1.00	0.10	0.01
書き言葉	一 元 yì yuán	一 角 yì jiǎo	一 分 yì fēn
話し言葉	一 块 yí kuài	一 毛 yì máo	

<いろいろな国の通貨>

日元 Rìyuán （日本円）	美元 Měiyuán （アメリカドル）	欧元 Ōuyuán （ユーロ）
英镑 Yīngbàng （英ポンド）	台币 Táibì （台湾ドル）	韩元 Hányuán （韓国ウォン）

♪ B63

1 値段のたずね方、言い方

这个　**多少　钱**？（これはいくらですか。）―― 两　**块**　九（**毛**）。（二元九角です。）
Zhèige duōshao qián? ―― Liǎng kuài jiǔ (máo).

♪ B64

トライ！ 先生のあとについて発音し、日本語で表現してみよう。

(1) 那　双　鞋　**多少　钱**？ ―― 二百　块。（※“**双**”：量詞、“**鞋**”：くつ）
Nà shuāng xié duōshao qián? ―― Èrbǎi kuài.

日本語：

(2) 这　件　毛衣　**多少　钱**？ ―― 两千　二。（※“**件**”：量詞、“**毛衣**”：セーター）
Zhè jiàn máoyī duōshao qián? ―― Liǎngqiān èr.

日本語：

チャレンジ！ 先生のあとについて発音し、日本語で表現してみよう。

(3) 这个　**多少　钱**　一　斤？ ―― 三十　块　一　斤。（※“**一 斤**”：約500グラム）
Zhèige duōshao qián yì jīn? ―― Sānshí kuài yì jīn.

日本語：

♪ B65

2 助動詞② “可以 (kěyi)” （可能：特定の状況下における許可、許容、承諾）

这个 商店 **可以** 刷卡。（このお店はカードで支払うことができます。）
Zhège shāngdiàn kěyi shuākǎ.

这儿 **可以** 吸 烟 吗? —— 不 行，这儿 不 能 吸 烟。
Zhèr kěyi xī yān ma? Bù xíng, zhèr bù néng xī yān.
（ここはタバコを吸ってもいいですか。） （ダメです、ここではタバコを吸うことができません。）

（※ **“不能”**：第 12 課ポ2参照）

♪ B66

トライ！ 先生のあとについて発音し、日本語で表現してみよう。

(1) 公交车里 **可以** 打 电话 吗? —— 不 行，公交车里 禁止 打 电话。
Gōngjiāochēli kěyi dǎ diànhuà ma? Bù xíng, gōngjiāochēli jìnzhǐ dǎ diànhuà.

（※ **“公交车里”**：バス（の中）、**“禁止”**：禁止する、**“打 电话”**：電話をかける）

日本語：

チャレンジ！ 先生のあとについて発音し、日本語で表現してみよう。

(2) 今天 的 联欢会 我们 **可以** 参加 吗? —— 当然 **可以**。
Jīntiān de liánhuānhuì wǒmen kěyi cānjiā ma? Dāngrán kěyi.

（※ **“联欢会”**：コンパ、**“参加”**：参加する、**“当然”**：もちろん）

日本語：

♪ B67

3 コミュニケーションを円滑にする婉曲表現 （ちょっとVする／ちょっとVしてみる）

[1] 動詞の重複形式 （➢ 第 11 課、第 16 課本文）

我 **问(一)问**。（ちょっとおたずねします。）
Wǒ wèn(yi)wèn.

你 **试(一)试** 吧。（ちょっと試してみて下さい。）
Nǐ shì(yi)shi ba.

[2]「動詞＋“一下儿 (yíxiàr)”」 （動量詞）（➢ 第 11 課本文）

你 等 **一下儿** 吧。（ちょっとお待ちください。）
Nǐ děng yíxiàr ba.

[3]「動詞＋“一点儿 (yìdiǎnr)”」 （動量詞）

你 再 喝 **一点儿** 吧！（もっとお飲みください。）
Nǐ zài hē yìdiǎnr ba.

♪ B68

トライ！ 先生のあとについて発音し、日本語で表現してみよう。

(1) 我们 **商量商量** 吧。 （※ **“商量”**：相談する）
Wǒmen shāngliangshangliang ba.

日本語：

チャレンジ！　先生のあとについて発音し、日本語で表現してみよう。

(2) 请　介绍　**一下儿**　中国　高考　的　情况。
Qǐng jièshào yíxiàr Zhōngguó gāokǎo de qíngkuàng.
（※“**请**”～：請う、“**介绍**”：紹介する、“**高考**”：大学入試、“**情况**”：状況）

日本語：

4　兼語式動詞文

♪ B69

那个　商店　**有**　一　件　旗袍　很　漂亮。（あのお店には一着とてもきれいなチャイナドレスがあります。）
Nàge shāngdiàn yǒu yí jiàn qípáo hěn piàoliang.

♪ B70

トライ！　先生のあとについて発音し、日本語で表現してみよう。

(1) 医生　劝　他　在　家　休息休息。（※“**医生**”：医者、“**劝**”：勧める）
Yīshēng quàn tā zài jiā xiūxixiuxi.

日本語：

チャレンジ！　先生のあとについて発音し、日本語で表現してみよう。

(2) 明天　我　有　时间　去　玩儿。（※“**时间**”：時間）
Míngtiān wǒ yǒu shíjiān qù wánr.

日本語：

(3) 我　没　钱　买　车。（※“**钱**”：お金、“**买**”：買う、“**车**”：自動車）
Wǒ méi qián mǎi chē.

日本語：

5　「“有点儿 (yǒudiǎnr)”＋形容詞」の表現　（（程度が）わずかである）

♪ B71

这　件　旗袍　**有点儿**　贵。（このチャイナドレスは少し（値段が）高い。）
Zhè jiàn qípáo yǒudiǎnr guì.

♪ B72

トライ！　先生のあとについて発音し、日本語で表現してみよう。

(1) 最近　我　**有点儿**　忙。
Zuìjìn wǒ yǒudiǎnr máng.

日本語：

チャレンジ！　先生のあとについて発音し、日本語で表現してみよう。

(2) 这个　手表　**有点儿**　贵，有　便宜　一点儿　的　吗？（※“**手表**”：腕時計、“**便宜**”：安い）
Zhège shǒubiǎo yǒudiǎnr guì, yǒu piányi yìdiǎnr de ma?

日本語：

♪ B73

本文　买旗袍　（チャイナドレスを買う）
Mǎi qípáo

―渡辺さんが林紅さんといっしょにショッピングに行きました―

上个　星期　六 我 和 林　红　一起 去 王府井
Shàngge xīngqī liù wǒ hé Lín Hóng yìqǐ qù Wángfǔjǐng

逛　街 了。**有 一 件 旗袍 很**　漂亮，原价　**两千**
guàng jiē le. Yǒu yí jiàn qípáo hěn piàoliang, yuánjià liǎngqiān

元，　现在 打 八 折，一千 六。这个　店 **可以** 刷卡，
yuán, xiànzài dǎ bā zhé, yìqiān liù. Zhège diàn kěyi shuākǎ,

但是 我 觉得 太 贵 了，相当于　**三万　日元** 呢。林
dànshì wǒ juéde tài guì le, xiāngdāngyú sānwàn Rìyuán ne. Lín

红　**劝** 我 先 **试试** 再 考虑 买 不 买。我 就 试穿了
Hóng quàn wǒ xiān shìshi zài kǎolǜ mǎi bu mǎi. Wǒ jiù shìchuānle

一下，很 合身。虽然 **有点儿** 贵，我 还是 买 了。
yíxià, hěn héshēn. Suīrán yǒudiǎnr guì, wǒ háishi mǎi le.

【注】

王府井 [地名] ワンフーチン　第13課本文コラム参照
逛 [動詞] ぶらぶら歩く、見物する
街 [名詞] 大通り
原价 [名詞] （値下げ前の）値段
打折 [動詞] 割引きする　第12課ポ5-[2]
打八折：八割の値にする
相当于：～に相当する
呢 [語気助詞] 確信の語気　第12課ポ6-[1]
先～再…：先に～それから…
考虑 [動詞] よく考える
就 [副詞] A 就 B：A だから B だ　第16課ポ5
试穿 [動詞] 試着する
穿 [動詞] 着る
V 了 [事態助詞]　第5課ポ3-[2]
合身 [形容詞] （体に）ちょうど合う
虽然 [接続詞] ～だけれども
St. 了 [語気助詞]　第5課ポ3-[1]

ブラッシュアップ！　**本文を日本語で表現してみよう。**

〈**“旗袍”って何？**〉　チャイナドレス（“**旗袍**”）は、現在では中国の女性がパーティーや結婚式に出席する時によく着る礼服です。しかし、**もともとは漢民族の衣装ではなく、満州族の民族衣装**でした。そしてこれは乗馬の際に適したもので、乗馬の際にはズボンを穿き、その上に“旗袍”を着ました。清王朝の時代に広まると、次第にズボンを穿かないものが漢民族の女性に受け入れられるようになり、現在のような礼服となりました。

第12课
Dì shí'èr kè

表現のポイントと〈エクササイズ〉

♪ B74

1 助動詞③ "会 (huì)"（可能：非常に高い蓋然性）

[1] 個人の技術・技能（➢ 第 12 課本文）

小王 **会** 说 日语。（王さんは日本語を話すことができます。）
Xiǎo-Wáng huì shuō Rìyǔ.

[2] 客観的事実の高い確実性（➢ 第 17 課本文）

明天 的 联欢会 她 一定 **会** 参加。（明日のコンパに彼女はきっと参加します。）
Míngtiān de liánhuānhuì tā yídìng huì cānjiā.

♪ B75

トライ！ 先生のあとについて発音し、日本語で表現してみよう。

(1) 你 **会** 说 韩国语 吗? —— **会。 / 会 一点儿。 / 不 会。**
Nǐ huì shuō Hánguóyǔ ma? —— Huì. / Huì yìdiǎnr. / Bú huì.

（※ "**韩国语**"：韓国語）

日本語：

チャレンジ！ 先生のあとについて発音し、日本語で表現してみよう。

(2) 今天 晚上 她 **不 会** 来。
Jīntiān wǎnshang tā bú huì lái.

日本語：

♪ B76

2 助動詞④ "能 (néng)"（可能：条件）

[1] 個人に属する能力の条件（➢ 第 12 課、第 15 課本文）

他 **能** 说 一口 流利 的 汉语。（彼は生粋の流暢な中国語を話すことができます。）
Tā néng shuō yìkǒu liúlì de Hànyǔ.

[2] 客観的事実成立の条件（➢ 第 15 課本文）

明天 我 **能** 来。（あした私は来ることができます。）
Míngtiān wǒ néng lái.

♪ B77

トライ！ 先生のあとについて発音し、日本語で表現してみよう。

(1) 我 **能** 看 英文 报。
Wǒ néng kàn Yīngwén bào.

（※ "**英文 报**"：英語の新聞）

日本語：

チャレンジ！ 先生のあとについて発音し、日本語で表現してみよう。

(2) 明天 我 有 事儿，**不 能** 来。
Míngtiān wǒ yǒu shìr, bù néng lái.

（※ "**事儿**"：用事）

日本語：

♪ B78

3 「"多 (duō)"＋形容詞」の疑問文 （どれくらい～か。）

自由泳 你 能 游 **多** **远**? —— 两千 米 左右。
Zìyóuyǒng nǐ néng yóu duō yuǎn? Liǎngqiān mǐ zuǒyòu.
(自由形であなたはどれくらい泳ぐことができますか。) (2 千メートルくらいです。)

♪ B79

トライ！ **先生のあとについて発音し、日本語で表現してみよう。**

(1) 这个 行李 **多** **重**? —— 二十 公斤。 （※"公斤"：キログラム）
Zhège xíngli duō zhòng? Èrshí gōngjīn.

日本語：

チャレンジ！ **先生のあとについて発音し、日本語で表現してみよう。**

(2) 你 今年 **多** **大** 了? —— 十九 岁。
Nǐ jīnnián duō dà le? Shíjiǔ suì.

日本語：

♪ B80

4 補語②―様態補語 （V－得 (de) ～：VスルノガーダＶスルノガ～ダ）

[1] 他 走得 很 快。(彼は歩くのがとても速い。)
Tā zǒude hěn kuài.

[2] 她 说 汉语 说得 非常 好。(彼は中国語を話すのが非常に上手です。)
Tā shuō Hànyǔ shuōde fēicháng hǎo.
（➢ 第 12 課、第 18 課本文）

♪ B81

トライ！ **先生のあとについて発音し、日本語で表現してみよう。**

(1) 他 吃得 很 慢。 （※"慢"：(スピードが) 遅い）
Tā chīde hěn màn.

日本語：

チャレンジ！ **先生のあとについて発音し、日本語で表現してみよう。**

(2) 她 游泳 游得 好 吗?
Tā yóuyǒng yóude hǎo ma?

日本語：

—— 游得 很 好。 / 游得 不 太 好。
Yóude hěn hǎo. Yóude bú tài hǎo.

日本語：

♪ B82

5 離合詞 （語構成が「動詞＋目的語」の二音節の動詞）

[1] **听说** 你 喜欢 看 电影。（あなたは映画を見るのが好きだそうですね。）
Tīngshuō nǐ xǐhuan kàn diànyǐng.

[2] **听** 小王 **说** 你 喜欢 看 电影。
Tīng Xiǎo-Wáng shuō nǐ xǐhuan kàn diànyǐng.
（あなたは映画を見るのが好きだと王さんから聞きました。）

（第 11 課本文 ➢） 打折（割引する） dǎzhé → **打** 七 **折**（七割に割引する＝三割引く） dǎ qī zhé

（第 11 課本文 ➢） 刷卡（カードで支払う） shuākǎ → **刷**过 两 次 **卡**（カードを 2 回使った） shuāguo liǎng cì kǎ

（第 14 課本文 ➢） 打工（アルバイトする） dǎgōng → **打**了 半天 **工**（アルバイトを半日した） dǎle bàntiān gōng

♪ B83

トライ！ 先生のあとについて発音し、日本語で表現してみよう。

（1） **听说** 他 会 开 车。 （※ “**开车**”：車を運転する）
Tīngshuō tā huì kāi chē.

日本語：

チャレンジ！ 先生のあとについて発音し、日本語で表現してみよう。

（2） **听** 老师 **说**，中国 有 十四 多 亿 的 人口。 （※ “**亿**”：億）
Tīng lǎoshī shuō, Zhōngguó yǒu shísì duō yì de rénkǒu.

日本語：

♪ B84

6 語気助詞③ “呢 (ne)” （対人的語気助詞(2)－確証のある確信や確認を表す）

[1] 話し手が、コトガラに対する確証を持っている（確信）。

她 能 游 三 公里 **呢**。（彼女は 3 キロ泳ぐことができます。➢ 第 12 課本文）
Tā néng yóu sān gōnglǐ ne.

[2] 疑問文：相手に確証のある答えを求める（確認）。

我们 去 **哪儿** 好 **呢**？（私たちはどこに行くのがいいですか。➢ 第 5 課本文）
Wǒmen qù nǎr hǎo ne?

我们 是 骑 车 去 还是 坐 公交车 去 **呢**？
Wǒmen shì qí chē qù háishi zuò gōngjiāochē qù ne?
（私たちは自転車で行きますか、それともバスで行きますか。➢ 第 6 課本文）

♪ B85

本文　说曹操，曹操到　（うわさをすれば影）

Shuō Cáo Cāo, Cáo Cāo dào

―渡辺さんと高橋さんが孫国偉さんの話をしています―

孙国伟多才多艺，不但**会**拉二胡，还**会**唱
Sūn Guówěi duōcáiduōyì, búdàn huì lā èrhú, hái huì chàng

京剧。**听说**他游泳也**游得**很好。林红
Jīngjù. Tīngshuō tā yóuyǒng yě yóude hěn hǎo. Lín Hóng

问我：“你知道他一口气**能**游**多远**吗？他
wèn wǒ: “Nǐ zhīdao tā yìkǒuqì néng yóu duō yuǎn ma? Tā

一口气**能**游五百米**呢**。”
yìkǒuqì néng yóu wǔbǎi mǐ ne.”

我们在聊孙国伟的时候，孙国伟来了，
Wǒmen zài liáo Sūn Guówěi de shíhou, Sūn Guówěi láile,

真是“说曹操，曹操到”。
zhēnshi “shuō Cáo Cāo, Cáo Cāo dào”.

【注】

多才多艺 四字句　多芸多才だ
不但～，还…：～だけでなく、さらに…
拉 動詞　（弦楽器を）弾く
二胡 名詞　胡弓の一種で、二弦の楽器
京剧 固有名詞　京劇。中国の代表的な伝統劇の1つ
知道 動詞　知っている
第15課ポ《まとめ②》
一口气 副詞　一気に
呢 語気助詞　確信の語気
在 副詞　在＋V：進行形
第8課ポ1-[4]
聊 動詞　おしゃべりする
～的时候：～の時
V了：事態助詞
第5課ポ3-[2]
真是：本当に

ブラッシュアップ！　**本文を日本語で表現してみよう。**

〈“曹操”って誰？〉

曹操は後漢（25年～220年）末期の武将です。朝廷の官僚として仕えましたが、皇帝である献帝を傀儡として天下に号令する立場となり、中原の覇者となりました。208年の**「赤壁の戦い」**では、**呉の孫権**と**蜀の劉備**の連合軍に敗れましたが、その後、206年に**魏王**となり、魏の基礎を築きました。220年に65歳で曹操が死去すると、息子の曹丕が後漢の献帝から禅譲という形式で魏の初代皇帝の文帝となりました。そしてこれによって、後漢は滅亡しました。

曹操は、14世紀の明朝の時代に羅貫中がまとめた小説**『三国志演義』**の中で、敵役・悪役として描かれています。このため、長らく民間では悪人のイメージが定着していました。しかし最近、曹操を悪王とする評価を見直し、政治家として、また文人として、そのスケールの大きさを再評価する機運が高まっています。

ちなみに**“说曹操，曹操到。”**ということわざは、日本語の**「うわさをすれば影」**と同じ意味です。

第13课
Dì shísān kè

表現のポイントと〈エクササイズ〉

【語句 10】 時間の量と動作の回数

♪ B86

①<時間の量>

一 分钟（1 分間）　两 分钟（2 分間）
yì fēnzhōng　liǎng fēnzhōng

半个 小时（30 分）　一个 小时（1 時間）　两个 半 小时（2 時間半）
bànge xiǎoshí　yíge xiǎoshí　liǎngge bàn xiǎoshí

一 天（1 日間）　两 天（2 日間）　一个 星期（1 週間）　两个 星期（2 週間）
yì tiān　liǎng tiān　yíge xīngqī　liǎngge xīngqī

一个 月（1 か月）　两个 月（2 か月）　一 年（1 年間）　两 年（2 年間）
yíge yuè　liǎngge yuè　yì nián　liǎng nián

②<動作の回数>

一 次（1 回）　两 次（2 回）
yí cì　liǎng cì

♪ B87

1 時間の量・動作の回数を表す表現の語順

我 每天 睡 **七个 小时**。（私は毎日 7 時間寝ます。）
Wǒ měitiān shuì qīge xiǎoshí.

☆ 我 每天 **七 点** 起床。（私は毎日 7 時に起きます。）
Wǒ měitiān qī diǎn qǐchuáng.

♪ B88

トライ！ 先生のあとについて発音し、日本語で表現してみよう。

(1) 昨天 我 等了 他 **三十 分钟**。（※“等”：待つ）
Zuótiān wǒ děngle tā sānshí fēnzhōng.

日本語：

チャレンジ！ 先生のあとについて発音し、日本語で表現してみよう。

(2) 我 去过 **两 次** 美国。（※“美国”：アメリカ）
Wǒ qùguo liǎng cì Měiguó.

日本語：

♪ B89

2 時態助詞③「動詞－“着 (zhe)”」（動作・行為の状態・持続）

[1] 他 在 床上 躺**着**。（彼はベッドで横になっています。）（➤ 第 13 課本文）
Tā zài chuángshang tǎngzhe.

[2]「V1 着 V2」（V1 しながら V2 する）
她 笑着 说：“欢迎 欢迎！”。（彼女は微笑みながら「ようこそ」と言いました。）
Tā xiàozhe shuō: “Huānyíng huānyíng!”.

♪ B90

トライ！ **先生のあとについて発音し、日本語で表現してみよう。**

(1) 他 在 学校 正门 等着 你。　（※“正门”：正門）
Tā zài xuéxiào zhèngmén děngzhe nǐ.

日本語：

チャレンジ！ **先生のあとについて発音し、日本語で表現してみよう。**

(2) 我们 走着 去 吧。　（※“走”：歩く）
Wǒmen zǒuzhe qù ba.

日本語：

♪ B91

3 存現文（未知の人や物の存在・出現・消失などを表す＝場所名詞／時間名詞＋V＋未知の人や物）

[1] 存在：那儿 站着 一个 人。（あそこに（知らない）人が立っています。）（➤ 第13課本文）
Nàr zhànzhe yíge rén.

[2] 出現：前面 来了 一 辆 车。（前から一台車が来ました。）
Qiánmian láile yí liàng chē.

[3] 消失：她 家 丢了 一 只 狗。（彼女の家から一匹犬がいなくなりました。）
Tā jiā diūle yì zhī gǒu.

♪ B92

トライ！ **先生のあとについて発音し、日本語で表現してみよう。**

(1) 墙上 挂着 一 张 地图。（※“墙上”：壁（の上）、“挂”：掛ける、“地图”：地図）
Qiángshang guàzhe yì zhāng dìtú.

日本語：

チャレンジ！ **先生のあとについて発音し、日本語で表現してみよう。**

(2) 昨天 我 家 来了 一 位 客人。（※“位”：人の丁寧な数え方、“客人”：客）
Zuótiān wǒ jiā láile yí wèi kèrén.

日本語：

♪ B93

【語句 11】 方位詞

上 shàng	下 xià	里 lǐ	外 wài	前 qián	后 hòu	左 zuǒ	右 yòu	东 dōng	南 nán	西 xī	北 běi	旁 páng
上边儿 shàngbianr	下边儿 xiàbianr	里边儿 lǐbianr	外边儿 wàibianr	前边儿 qiánbianr	后边儿 hòubianr	左边儿 zuǒbianr	右边儿 yòubianr	东边儿 dōngbianr	南边儿 nánbianr	西边儿 xībianr	北边儿 běibianr	旁边儿 pángbiānr
上面 shàngmian	下面 xiàmian	里面 lǐmian	外面 wàimian	前面 qiánmian	后面 hòumian	左面 zuǒmian	右面 yòumian	东面 dōngmian	南面 nánmian	西面 xīmian	北面 běimian	— —

♪
B94

4 “到 (dào)”の用法 （品詞の兼務⑥ -1. 動詞、2. 前置詞⑦）

[1] 動詞（＋場所名詞）：（場所に）到着する。

我们 **到**了。（到着しました。）
Wǒmen dàole.

[2] 前置詞⑦：「“到”＋ N ＋ V」⇒ N が動作・行為の終点

我们 **到** 你 家 去 吧。（あなたの家まで行きましょう。）
Wǒmen dào nǐ jiā qù ba.

♪
B95

5 前置詞⑧ “从 (cóng)”、“向 (xiàng)”、“往 (wǎng)”

[1] “从 (cóng)”：「“从” + N + V」⇒Nが動作・行為の出発点

从 明天 开始 上课。
Cóng míngtiān kāishǐ shàngkè.
（明日から授業が始まります。）

[2] “向 (xiàng)”：（「“向” + N + V」：Nに向かってVスル）

她 **向** 我 问路。（彼女が私に道をたずねました。）
Tā xiàng wǒ wènlù.

[3] “往 (wǎng)”：（「“往” + N + V」：Nの方向へVスル）

三里屯 怎么 走 呢？（三里屯はどのように行きますか。）
Sānlǐtún zěnme zǒu ne?

―― 在 前面 那个 路口 **往** 左 拐， 走 五 分钟 就 到 了。
Zài qiánmian nàge lùkǒu wǎng zuǒ guǎi, zǒu wǔ fēnzhōng jiù dào le.
（前方のあの交差点を左に曲がって、5 分歩けば到着します。）

♪
B96

トライ！ 先生のあとについて発音し、日本語で表現してみよう。

（1） **向** 他 问好。 （※ “问好”：よろしく言う）
Xiàng tā wènhǎo.

日本語：

（2） 在 前面 那个 路口 **往** 右 拐， 走 两、三 分钟 就 到 了。
Zài qiánmian nàge lùkǒu wǎng yòu guǎi, zǒu liǎng、sān fēnzhōng jiù dào le.

日本語：

チャレンジ！ 先生のあとについて発音し、日本語で表現してみよう。

（3） **从** 我 家 **到** 车站 有 两百 米 左右。
Cóng wǒ jiā dào chēzhàn yǒu liǎngbǎi mǐ zuǒyòu.
（※ “车站”：駅、“米”：メートル）

日本語：

♪ B97

本文 问路 （道をたずねる）
Wènlù

—渡辺さんと高橋さんが道をたずねます—

昨天　我　和　高桥　第一次　去　三里屯　玩儿。
Zuótiān wǒ hé Gāoqiáo dìyīcì qù Sānlǐtún wánr.

出　了　地铁站，　我们　两个　都　不　知道　怎么
Chū le dìtiězhàn, wǒmen liǎngge dōu bù zhīdào zěnme

走。　正好　路口　站着　一个　人，　我们　就　向　他
zǒu. Zhènghǎo lùkǒu zhànzhe yíge rén, wǒmen jiù xiàng tā

问路。他　告诉　我们：“从　这儿　到　三里屯　只　有　七、
wènlù. Tā gàosu wǒmen: “Cóng zhèr dào Sānlǐtún zhǐ yǒu qī,

八百　米，　一直　往　前　走，　走　七、八　分钟　左右
bābǎi mǐ, yìzhí wǎng qián zǒu, zǒu qī, bā fēnzhōng zuǒyòu

就　到　了。”
jiù dào le.”

【注】

第一次：第1回目、初めて
三里屯：本文コラム参照
出 動詞 出る
V了 事態助詞
第5课ポ3-[2]
地铁站 名詞 地下鉄の駅
怎么 疑問詞
第6课ポ5-[1]
正好 副詞 都合よく
路口 名詞 交差点
就 副詞
A就B：AだからBだ
第16课ポ5
告诉 動詞 告げる、教える
第15课ポ《まとめ②》
一直 副詞 まっすぐ
左右：ぐらい

ブラッシュアップ！ **本文を日本語で表現してみよう。**

〈北京の繁華街〉

“三里屯 Sānlǐtún” は北京の若者に人気のある最先端のショップやレストランが軒を連ねるおしゃれな街です。**最寄りの地下鉄の駅からはちょっと遠く**、バスなどの公共交通機関も不便ですが、人気のスポットです。北京の中心地である天安門広場から北東の朝陽区にあり、このエリアには各国の大使館もあります。

このほかに、北京のほぼ中心にある故宮の近くには、“王府井 Wángfǔjǐng”（ワンフーチン）という北京で最も有名な商業街があります。ここには巨大デパートや飲食店が立ち並び、“王府井大街 Wángfǔjǐng dàjiē” と呼ばれる一帯は、歩行者天国になっています。

第14课
Dì shísì kè

表现のポイントと〈エクササイズ〉

1 “要 (yào)”の用法 （品詞の兼務⑦ -1. 動詞、2. 助動詞⑤）

♪ C01

[1] 動詞（必要である・欲しい／（時間や人数などが）必要である、かかる）

我 要 这个。（私はこれが欲しい。）
Wǒ yào zhèige.

完成 这个 工作 要 十 天。（この仕事を完成するには 10 日間必要です。）
Wánchéng zhège gōngzuò yào shí tiān.

♪ C02

トライ！ 先生のあとについて発音し、日本語で表現してみよう。

(1) 那个 你 也 要 吗? —— 要。 ／ 不 要。
Nèige nǐ yě yào ma? Yào. Bú yào.

日本語：

チャレンジ！ 先生のあとについて発音し、日本語で表現してみよう。

(2) 从 我 家 到 车站 要 十 分钟。
Cóng wǒ jiā dào chēzhàn yào shí fēnzhōng.

日本語：

♪ C03

[2] 助動詞⑤ （“要” + V = V する必要がある・V しなければならない）（➢ 第 14 課本文）

明天 我 要 不 要 来? —— 你 要 来。 ／ 你 不 用 来。
Míngtiān wǒ yào bu yào lái? Nǐ yào lái. Nǐ bú yòng lái.
(明日私は来る必要がありますか。) (来る必要があります。) (来る必要はありません。)

♪ C04

トライ！ 先生のあとについて発音し、日本語で表現してみよう。

(1) 今天 我 要 打工。 （※ “打工”：アルバイトする）
Jīntiān wǒ yào dǎgōng.

日本語：

チャレンジ！ 先生のあとについて発音し、日本語で表現してみよう。

(2) 我 要 去 北海道 出差。 （※ “出差”：出張する）
Wǒ yào qù Běihǎidào chūchāi.

日本語：

♪ C05

2 助動詞⑥ "得 (děi)" （"得" + V = (その場の状況から客観的に判断して) V しなければならない）

今天 我 **得** 写 报告。（今日私はレポートを書かなければなりません。）
Jīntiān wǒ děi xiě bàogào.

♪ C06

トライ！ 先生のあとについて発音し、日本語で表現してみよう。

(1) 时间 不 早 了， 我 **得** 回家 了。 （※ **"早"**：早い、**"回家"**：家に帰る）
Shíjiān bù zǎo le, wǒ děi huíjiā le.

日本語：

チャレンジ！ 先生のあとについて発音し、日本語で表現してみよう。

(2) 明天 我 **得** 去 机场 接 他。 （※ **"机场"**：空港、**"接"**：迎える）
Míngtiān wǒ děi qù jīchǎng jiē tā.

日本語：

♪ C07

3 語気助詞④ "的 (de)" （対事的語気助詞(2)—特定のある１回のコトガラに対する断定の語気）

[1] **過去のこと：** すでに実現している特定のある１回のコトガラについて、付帯状況（時・場所・方法など）を断定する。（➢ 第 14 課本文）

这 本 书 我 (是) 上 星期 买 **的**。（この本は私は先週買いました。）
Zhè běn shū wǒ (shì) shàng xīngqī mǎi de.

[2] **現在のこと：** 現在の特定のある１回のコトガラについて断定する。

你 在 做 作业 吗？ —— 是 **的**， 我 在 做 作业。
Nǐ zài zuò zuòyè ma? Shì de, wǒ zài zuò zuòyè.
（あなたは宿題をしていますか。） （そうです、宿題をしています。）

[3] **未来のこと：** 未来の特定のある１回のコトガラの実現を断定する。（➢ 第 17 課本文）

明天 他 一定 会 来 **的**。（明日彼はきっと来ます。）
Míngtiān tā yídìng huì lái de.

♪ C08

トライ！ 先生のあとについて発音し、日本語で表現してみよう。

(1) 午饭 我们 (是) 在 食堂 吃 **的**。 （※ **"午饭"**：昼食）
Wǔfàn wǒmen (shì) zài shítáng chī de.

日本語：

チャレンジ！ 先生のあとについて発音し、日本語で表現してみよう。

(2) 明年 她 一定 会 来 日本 **的**。
Míngnián tā yídìng huì lái Rìběn de.

日本語：

♪ C09

4 極端さの表現① （“一”＋量詞＋“也／都”＋否定）

中国	电影	我	**一**	**次**	**也**	**没**	看过。
Zhōngguó	diànyǐng	wǒ	yí	cì	yě	méi	kànguo.

（中国の映画は私は一度も見たことがありません。）

♪ C10

トライ！ 先生のあとについて発音し、日本語で表現してみよう。

（1） 教室里 **一个 人 也** 没有。 （※ “**教室里**”：教室（の中））
Jiàoshìli yíge rén yě méiyou.

日本語：

チャレンジ！ 先生のあとについて発音し、日本語で表現してみよう。

（2） 广东话 我 **一 句 都** 不 会 说。 （※ “**广东话**”：広東語、“**一句**”：一文）
Guǎngdōnghuà wǒ yí jù dōu bú huì shuō.

日本語：

≪まとめ①≫ 2つの否定の表現（“不 (bù)”と“没有 (méiyou)”）

		基本型	否定型 “不”	否定型 “没有”
			（動作や変化を伴わない事柄の否定）	
(1) 名詞述語文	①（第 1 課ポ[1]）	我**是**学生。	我**不是**学生。	——
(2) 形容詞述語文	②（第 3 課ポ[1]）	这个**好**。	这个**不**好。	——
(3) 動詞述語文	③（第 1 課本文）	我**认识**他。	我**不**认识他。	——
	④（第 2 課ポ[1]）	我**喝**咖啡。	我**不**喝咖啡。	——
	⑤（第 15 課本文）	我**能**吃辣的。	我**不能**吃辣的。	——
	⑥（第 12 課ポ[1]-[1]）	我**会**开车。	我**不会**开车。	——
	⑦（第 12 課ポ[1]-[2]）	他**会**参加的。	他**不会**参加的。	——
			（指定時点以降の動作や変化の否定）	（指定時点およびそれ以前の動作や変化の否定）
	⑧（第 2 課ポ[1]）	我**喝**咖啡。	我**不**喝咖啡。	我**没(有)**喝咖啡。
	⑨（第 12 課ポ[2]）	我**能**参加。	我**不能**参加。	我**没(有)能**参加。
	⑩（ 〃 ）	他**能**游三千米。	——	他**没(有)能**游三千米。
	⑪（第 5 課ポ[3]-[2]）	我吃**了**饺子。	——	我**没(有)**吃饺子。
	⑫（第 9 課ポ[2]）	我去**过**中国。	——	我**没(有)**去**过**中国。
	⑬（第 13 課ポ[2]）	他拿**着**书。	——	他**没(有)**拿**着**书。
	⑭（第 15 課ポ[1]）	他的话我听**懂**了。	——	他的话我**没(有)**听**懂**。
	⑮（第 7 課ポ[1]）	我**有**哥哥。	——	我**没有**哥哥。

♪ C11

本文　去看电影　（映画を見に行く）
Qù kàn diànyǐng

―渡辺さんたちが、一緒に映画を見に行くスケジュール調整をしています―

来 中国 以后，我 一 次 也 没 去 看过
Lái Zhōngguó yǐhòu, wǒ yí cì yě méi qù kànguo

电影，最后 一 次 还是 来 中国 前 在 日本 看
diànyǐng, zuìhòu yí cì háishi lái Zhōngguó qián zài Rìběn kàn

的。我 想 约 林 红 一起 去 看 电影。但是，
de. Wǒ xiǎng yuē Lín Hóng yìqǐ qù kàn diànyǐng. Dànshì,

星期 六 我 和 林 红 都 没有 时间，我 要 打工，
xīngqī liù wǒ hé Lín Hóng dōu méiyou shíjiān, wǒ yào dǎgōng,

林 红 得 写 报告。后来 我们 决定 星期 天
Lín Hóng děi xiě bàogào. Hòulái wǒmen juédìng xīngqī tiān

一起 去 看 电影。
yìqǐ qù kàn diànyǐng.

【注】

～以后：～の後

最后 名詞 最後

还是 副詞 やはり　第6課ポ4-[2]

想 助動詞 ～しようと思う、～したい　第5課ポ5-[2]

约 動詞 誘う

但是 接続詞 ただし　第15課ポ3-[1]

后来 接続詞 そのあと

ブラッシュアップ！　本文を日本語で表現してみよう。

〈中国でヒットした日本の映画を中国語で〉

日本のマンガのアニメ版以外で、中国でヒットした最近の日本映画には、以下のようなものがあります。

「菊次郎の夏」：菊次郎的夏天
Júcìláng de xiàtiān

「マスカレードホテル」：假面饭店
Jiǎmiàn fàndiàn

「万引き家族」：小偷家族
Xiǎotōu jiāzú

「長いお別れ」：漫长的告别
Màncháng de gàobié

第15课
Dì shíwǔ kè

表現のポイントと〈エクササイズ〉

♪ C12

1 補語③—結果補語

看完	吃惯	听懂	学好	写错	找到	记住
kànwán	chīguàn	tīngdǒng	xuéhǎo	xiěcuò	zhǎodào	jìzhù
(読み終わる)	(食べ慣れる)	(聴いて分かる)	(きちんと学ぶ) (マスターする)	(書き間違える)	(見つける) (見つかる)	(しっかり覚える)

[1] 肯定型　这 本 小说 我 **看完** 了。(この小説は私は読み終わりました。)
Zhè běn xiǎoshuō wǒ kànwán le.

[2] 否定型　那 本 小说 我 还 **没(有)** 看完。
Nà běn xiǎoshuō wǒ hái méi(you) kànwán.
(あの小説は私はまだ読み終わっていません。)

♪ C13

トライ! 先生のあとについて発音し、日本語で表現してみよう。

(1) 电影 的 台词 我 都 **听懂** 了。　(※"台词":セリフ)
Diànyǐng de táicí wǒ dōu tīngdǒng le.

日本語:

(2) 电影 的 台词 我 没(有) **听懂**。
Diànyǐng de táicí wǒ méi(you) tīngdǒng.

日本語:

(3) 这个 字 我 **写错** 了。
Zhège zì wǒ xiěcuò le.

日本語:

チャレンジ! 先生のあとについて発音し、日本語で表現してみよう。

(4) 日本 的 生鱼片 你 已经 **吃惯** 了 吗? —— **吃惯** 了。/ 还 没 **吃惯**。
Rìběn de shēngyúpiàn nǐ yǐjing chīguàn le ma? —— Chīguàn le. Hái méi chīguàn.
(※"生鱼片":さしみ、"已经":すでに)

日本語:

(5) 你 丢 **的** 钱包 **找到** 了 吗? —— **找到** 了。/ 还 没 **找到**。
Nǐ diū de qiánbāo zhǎodào le ma? —— Zhǎodào le. Hái méi zhǎodào.
(※"丢":失くす、"钱包":財布)

日本語:

2 補語④—方向補語（1） 単純方向補語

V＋	上	下	进	出	回	过	起	来	去
	shàng	xià	jìn	chū	huí	guò	qǐ	lái	qù
	（上る）	（下る）	（入る）	（出る）	（返る）	（越える）	（起きる）	（来る）	（行く）

♪ C14

具象義：他们　走**进**了　那个　餐厅。（彼らはあのレストランに入りました。）
Tāmen　zǒujinle　nàge　cāntīng.

派生義：我　爱**上**　他　了。（私は彼が好きになりました。）
Wǒ　àishang　tā　le.

♪ C15

トライ！　先生のあとについて発音し、日本語で表現してみよう。

（1）他们　回**去**　了。　（※“回去”：帰って行く）
Tāmen　huíqu　le.

日本語：

チャレンジ！　先生のあとについて発音し、日本語で表現してみよう。

（2）请　你们　进**来**　一下儿。　（※“进来”：入って来る）
Qǐng　nǐmen　jìnlai　yíxiàr.

日本語：

♪ C16

3 接続詞③—逆接　“不过 (búguò)”、“但（是）(dàn(shì))”、“可是 (kěshi)”

[1] **“但(是)”**—前述の事柄に対して、条件、例外を示す＝ただし
（➢ 第 5、9、11、14、15、17 課本文）

我　想　跟　大家　一起　去　故宫，**但是**　周末　游客　太　多　了。
Wǒ　xiǎng　gēn　dàjiā　yìqǐ　qù　Gùgōng,　dànshì　zhōumò　yóukè　tài　duō　le.
（私はみんなと一緒に故宮に行きたいが、**ただし**週末は観光客がすごく多い。）

[2] **“不过”**—前述の事柄と一部分異なる＝でも（➢ 第 10 課本文）

以前　中国　的　动漫　没有　日本　的　好看，**不过**　这　几　年
Yǐqián　Zhōngguó　de　dòngmàn　méiyou　Rìběn　de　hǎokàn,　búguò　zhè　jǐ　nián

好看　的　越　来　越　多　了。
hǎokàn　de　yuè　lái　yuè　duō　le.
（以前は中国のアニメと漫画は日本のものほどきれいではなかったが、**でも**ここ数年きれいなものがだんだんと多くなってきた。）

[3] **“可是”**—強い逆接＝しかし（➢ 第 18 課本文）

我　的　手机　导航　结束了，**可是**　我们　还是　找不到　林　红　家。
Wǒ　de　shǒujī　dǎoháng　jiéshùle,　kěshi　wǒmen　háishi　zhǎobudào　Lín　Hóng　jiā.
（私のスマホのナビは終了したが、**しかし**林紅さんの家は見つけることができなかった。）

4 外来語 （テキストの本文に出ているもの）

♪ C17

トライ！ 先生のあとについて発音し、日本語で表現してみよう。

1. 音訳語 ＝ 咖啡（　　　）kāfēi　米（　　　）mǐ　刷卡（　　　）shuākǎ
2. 意訳語 ＝ 电影（　　　）diànyǐng　手机（　　　）shǒujī　导航（　　　）dǎoháng
　蛋糕（　　　）dàngāo　上网（　　　）shàngwǎng
3. 音訳語＋説明語＝ 咖啡厅（　　　）kāfēitīng

≪まとめ②≫ 「動詞＋［Sentence］」の表現

我 **希望** 一 年 后 能 学好 中文。（➢ 第 15 課本文）
Wǒ xīwàng yì nián hòu néng xuéhǎo Zhōngwén.
（私は一年後に中国語をマスターできることを願っています。）

レビュー テキストの本文に出てきた動詞で復習してみよう。

(1) **赞成** zànchéng（第 5 課）：爸爸 **赞成** ［我 去 中国 留学］。
Bàba zànchéng [wǒ qù Zhōngguó liúxué].

(2) **觉得** juéde（第 6 課）：孙 国伟 **觉得** ［北海公园 离 大学 太 远 了］。
Sūn Guówěi juéde [Běihǎi-gōngyuán lí dàxué tài yuǎn le].

(3) **问** wèn（第 6 課）：他 **问** 大家：［“咱们 怎么 去 北海公园？”］
Tā wèn dàjiā [“Zánmen zěnme qù Běihǎi-gōngyuán?”]

(4) **决定** juédìng（第 6 課）：我 **决定** ［现在 坐 公交车 去］。
Wǒ juédìng [xiànzài zuò gōngjiāochē qù].

(5) **说** shuō（第 7 課）：她 **说**：［“真 羡慕 你 有 哥哥 和 姐姐”］。
Tā shuō [“Zhēn xiànmù nǐ yǒu gēge hé jiějie”].

(6) **羡慕** xiànmù（第 7 課）：我 很 **羡慕** ［你 有 兄弟姐妹 ］。
Wǒ hěn xiànmù [nǐ yǒu xiōngdìjiěmèi].

(7) **知道** zhīdao（第 12 課）：我 **知道** ［他 一口气 能 游 五百 米］。
Wǒ zhīdao [tā yìkǒuqì néng yóu wǔbǎi mǐ].

(8) **告诉** gàosu（第 13 課）：他 **告诉** 我们 ［从 这儿 到 三里屯 有 七、八百 米］。
Tā gàosu wǒmen [cóng zhèr dào Sānlǐtún yǒu qī、bābǎi mǐ].

(9) **夸** kuā（第 18 課）：他 **夸** ［我 中文 说得 很 好］。
Tā kuā [wǒ Zhōngwén shuōde hěn hǎo].

♪ C18

本文　**能吃辣的**　（辛いものを食べることができる）
Néng chī là de

—渡辺さんたちが映画を見たあとで一緒に食事をしました—

今天　我们　看　的　电影　很　有　意思，**但**　好多
Jīntiān　wǒmen　kàn　de　diànyǐng　hěn　yǒu　yìsi,　dàn　hǎoduō

台词　我　没　**听懂**。我　很　想　**学好**　中文，**希望**
táicí　wǒ　méi　tīngdǒng.　Wǒ　hěn　xiǎng　xuéhǎo　Zhōngwén,　xīwàng

一　年　后　能　说得　比　现在　更　流利。
yì　nián　hòu　néng　shuōde　bǐ　xiànzài　gèng　liúlì.

我们　**看完**　电影　后　一起　去　吃　晚饭。我　很
Wǒmen　kànwán　diànyǐng　hòu　yìqǐ　qù　chī　wǎnfàn.　Wǒ　hěn

喜欢　吃　辣　的。**但是**　林　红　不　能　吃　太　辣　的，她
xǐhuan　chī　là　de.　Dànshì　Lín　Hóng　bù　néng　chī　tài　là　de,　tā

喜欢　吃　清淡　的。最后　我们　**走进了**　一　家　粤式
xǐhuan　chī　qīngdàn　de.　Zuìhòu　wǒmen　zǒujìnle　yì　jiā　Yuèshì

餐厅。
cāntīng.

【注】

的 [構造助詞] 第 10 課ポ[5]-[2]

好多：たくさんの

～后：～の後

更 [副詞]　さらに

流利 [形容詞]　流暢だ

晚饭 [名詞]　夕食

的 [構造助詞] 第 10 課ポ[5]-[3]

能 [助動詞] 第 12 課ポ[2]-[2]

清淡 [形容詞]　あっさりしている

粤 [名詞]　広東省の別称

粤式 [名詞]　広東式

[ブラッシュアップ！]　**本文を日本語で表現してみよう。**

〈“南甜　北咸　东辣　西酸”〉
nán tián　běi xián　dōng là　xī suān

中国の料理を総称して「中華料理“**中国菜 Zhōngguócài**”」と言いますが、広大な中国ですから、全土で特徴が同じであるはずがありません。地域による味の差を言うことわざとして“**南甜北咸东辣西酸**”というのがあります。「南は甘く、北は塩辛く、東は辛く、西は酸っぱい」という意味です。これもすべてを言い当てているわけではありませんが、地域による味の大きな特徴の違いを知ることができることわざです。

第 16 课
Dì shíliù kè

表現のポイントと〈エクササイズ〉

♪ C19

1 前置詞⑨ “让 (ràng)”、“叫 (jiào)、“使 (shǐ)” (使役の文型)

(A ＋“让／叫／使”＋ B ＋ V ＝ A ハ／ガ B ニ V サセル)

[1] 妈妈 **让** 我 去 买 东西。 (容認使役) (➢ 第 16 課本文)
Māma ràng wǒ qù mǎi dōngxi.
(お母さんは私を買い物に行かせます。)

[2] 他 爸爸 **叫** 他 去 美国 留学。 (言いつけ使役) (➢ 第 17 課本文)
Tā bàba jiào tā qù Měiguó liúxué.
(彼のお父さんは彼をアメリカに留学させます。)

[3] 谦虚 **使** 人 进步, 骄傲 **使** 人 落后。 (誘発使役)
Qiānxū shǐ rén jìnbù, jiāo'ào shǐ rén luòhòu.
(謙虚は人を進歩させ、傲慢は人を落伍させる。)

♪ C20

トライ! 先生のあとについて発音し、日本語で表現してみよう。

(1) 爸爸 不 **让** 我 去 玩儿。
Bàba bú ràng wǒ qù wánr.

日本語：

チャレンジ! 先生のあとについて発音し、日本語で表現してみよう。

(2) 老师 **叫** 学生 写 报告。
Lǎoshī jiào xuésheng xiě bàogào.

日本語：

(3) 这 件 事 **使** 我们 非常 兴奋。
Zhè jiàn shì shǐ wǒmen fēicháng xīngfèn.

(※ **“事”**：事がら、**“兴奋”**：気持ちがたかぶる、興奮する)

日本語：

♪ C21

2 前置詞⑩ “对 (duì)” (“对”＋ N ～：N に (対して) ～)

他们 **对** 我 很 好。(彼らは私に良くしてくれます。)
Tāmen duì wǒ hěn hǎo.

♪ C22

トライ! 先生のあとについて発音し、日本語で表現してみよう。

(1) 我 **对** 中国 历史 很 感 兴趣。 (※ **“感 兴趣”**：興味を感じる)
Wǒ duì Zhōngguó lìshǐ hěn gǎn xìngqù.

日本語：

チャレンジ！ 先生のあとについて発音し、日本語で表現してみよう。

(2) 他 **对** 我 说："你 来 点菜 吧。"
Tā duì wǒ shuō: "Nǐ lái diǎncài ba."

（※"**来**"：ここでは聞き手の積極性、"**点菜**"：料理を注文する）

日本語：

♪ C23

3 極端さの表現② （疑問詞＋"也"／"都"～）

那 家 餐厅 **什么 菜 都** 有。（あのレストランはどんな料理もすべてあります。）
Nà jiā cāntīng shénme cài dōu yǒu.

♪ C24

トライ！ 先生のあとについて発音し、日本語で表現してみよう。

(1) 这 件 事 **谁 都** 知道。
Zhè jiàn shì shéi dōu zhīdao.

日本語：

チャレンジ！ 先生のあとについて発音し、日本語で表现してみよう。

(2) 你 想 吃 什么 吗？ —— 我 **什么 也 不** 想 吃。
Nǐ xiǎng chī shénme ma? Wǒ shénme yě bù xiǎng chī.

日本語：

♪ C25

4 構造助詞③ "地(de)"＝連用修飾 （形容詞＋"地"＋動詞）

她 正在 努力 **地** 学习 汉语。（彼女今まさに一生懸命中国語を勉強しています。）
Tā zhèngzài nǔlì de xuéxí Hànyǔ.

♪ C26

トライ！ 先生のあとについて発音し、日本語で表現してみよう。

(1) 他 总是 很 认真 **地** 工作。 （※"**总是**"：いつも、"**认真**"：まじめである）
Tā zǒngshì hěn rènzhēn de gōngzuò.

日本語：

チャレンジ！ 先生のあとについて発音し、日本語で表現してみよう。

(2) 他 抱歉 **地** 说："对不起，我 不 能 去。"
Tā bàoqiàn de shuō: "Duìbuqǐ, wǒ bù néng qù."

（※"**抱歉**"：申し訳なく思う、※"**对不起**"：「すいません」謝る慣用句）

日本語：

♪ C27

5 **副詞⑦ “就 (jiù)”** （A “就” B：“就” は A（先行文）が B（後続文）の実現の前提となっていることを意味している。⇒ A であるなら／そうすると／それで／その場合は、B だ）

他 吃完 晚饭 **就** 去 散步 了。（彼は夕食を食べ終えると散歩に行きました。）
Tā chīwán wǎnfàn jiù qù sànbù le.

♪ C28

トライ！ 先生のあとについて発音し、日本語で表現してみよう。

(1) 走 五百 米 左右，**就** 到 了。
Zǒu wǔbǎi mǐ zuǒyòu, jiù dào le.

日本語：

チャレンジ！ 先生のあとについて発音し、日本語で表現してみよう。

(2) 我 想 尝尝 北京 烤鸭，**就** 点了 一份。
Wǒ xiǎng chángchang Běijīng kǎoyā, jiù diǎnle yífèn.

（※ **“尝”**：味わう、食べる、**“一份”**：一人分）

日本語：

♪ C29

6 **語気助詞⑤ “吧 (ba)”** （対人的語気助詞(3)—未確定な出来事に対して、聞き手を確定の方向に導く）

[1] 勧誘
我们 去 北海公园 **吧**。（➤ 第 5 課）（私たちは北海公園に行きましょう。）
Wǒmen qù Běihǎi-gōngyuán ba.

[2] 提案、(軽い)命令
你 喝 茶 **吧**。（お茶をどうぞ。）
Nǐ hē chá ba.

来 一个 北京 烤鸭 **吧**。（➤ 第 16 課）（北京ダックをお願い（注文）します。）
Lái yíge Běijīng kǎoyā ba.

[3] 推測
他 是 日本人 **吧**。（彼は日本人でしょう。）
Tā shì Rìběnrén ba.

[4] 譲歩・許容
学习 紧张 吗? —— 还 可以 **吧**。
Xuéxí jǐnzhāng ma? Hái kěyi ba.
（勉強は忙しいですか。） （まあまあです。）

♪ C30

トライ！ 先生のあとについて発音し、日本語で表現してみよう。

(1) 时间 太 晚 了，我们 走 **吧**。（※ **“晚”**：(時間が) 晩い）
Shíjiān tài wǎn le, wǒmen zǒu ba.

日本語：

チャレンジ！ 先生のあとについて発音し、日本語で表現してみよう。

(2) 你们 **累** 了 **吧**，在 这儿 休息 一下儿 **吧**。（※ **“累”**：疲れる）
Nǐmen lèi le ba, zài zhèr xiūxi yíxiàr ba.

日本語：

♪ C31

本文 点菜 （料理を注文する）
Diǎncài

—渡辺さんと高橋さんがお店で料理を注文します—

这 家 餐厅 很 大，听说 **什么 菜 都** 有。
Zhè jiā cāntīng hěn dà, tīngshuō shénme cài dōu yǒu.

孙 国伟 **让** 我 和 高桥 点菜，他 说：“你们
Sūn Guówěi ràng wǒ hé Gāoqiáo diǎncài, tā shuō: “Nǐmen

想 吃 什么 **就** 点 什么。” 高桥 点了 一份 水饺
xiǎng chī shénme jiù diǎn shénme.” Gāoqiáo diǎnle yífèn shuǐjiǎo

和 一份 小笼包。我 想 尝尝 北京 烤鸭，**就**
hé yífèn xiǎolóngbāo. Wǒ xiǎng chángchang Běijīng kǎoyā, jiù

对 服务员 说：“来 一个 北京 烤鸭 **吧**。” 服务员
duì fúwùyuán shuō: “Lái yíge Běijīng kǎoyā ba.” Fúwùyuán

抱歉 **地** 对 我 说：“对不起，我们 这儿 没有 北京
bàoqiàn de duì wǒ shuō: “Duìbuqǐ, wǒmen zhèr méiyou Běijīng

烤鸭。” 我 觉得 太 遗憾 了。
kǎoyā.” Wǒ juéde tài yíhàn le.

【注】

尝尝：動詞の重複形式
第 11 課ポ3-[1]

服务员 名詞 従業員

吧 語気助詞 軽い命令の語気

遗憾 形容詞 残念だ

ブラッシュアップ！ **本文を日本語で表現してみよう。**

〈日本で有名な中華料理〉

ラーメン：“拉面 lā miàn” =「動詞“拉”+目的語“面”」の構造であり、もともと「麺を引っ張る」という意味ですが、今は名詞としても使います（“汤面 tāngmiàn”）。

ギョウザ	：“饺子 jiǎozi”	チャーハン	：“炒饭 chǎofàn”
水ギョウザ	：“水饺 shuǐjiǎo”	ホイコーロー	：“回锅肉 huíguōròu”
ショーロンポー	：“小笼包 xiǎolóngbāo”	マーボー豆腐	：“麻婆豆腐 mápódòufu”
北京ダック	：“北京烤鸭 Běijīng kǎoyā”	チンジャオロースー	：“青椒肉丝 qīngjiāoròusī”

第17课
Dì shíqī kè

表現のポイントと〈エクササイズ〉

1 “给 (gěi)”の用法 (品詞の兼務⑧ -1. 動詞、2. 前置詞⑪、3. 補語⑤)

♪ C32

[1] 動詞 (A +“给”+ B + N = AガBニNヲ与える)

昨天 是 他 的 生日， 我 **给**了 他 一个 礼物。
Zuótiān shì tā de shēngrì, wǒ gěile tā yíge lǐwù.
(昨日は彼の誕生日だったので、私は彼にプレゼントをあげました。)

♪ C33

トライ！ 先生のあとについて発音し、日本語で表現してみよう。

(1) 老师 **给**了 我 一 本 词典。
Lǎoshī gěile wǒ yì běn cídiǎn.

日本語：

チャレンジ！ 先生のあとについて発音し、日本語で表現してみよう。

(2) 那个 点心 谁 **给** 你 的？
Nàge diǎnxin shéi gěi nǐ de?

日本語：

♪ C34

[2] 前置詞⑪ (A +“给”+ B + V (+ O) = AガBニ (Oヲ) Vスル) (➢ 第 17 課本文)

明天 我 **给** 你 **打** 电话。(明日私はあなたに電話します。)
Míngtiān wǒ gěi nǐ dǎ diànhuà.

♪ C35

トライ！ 先生のあとについて発音し、日本語で表現してみよう。

(1) 今天 我 **给** 他 写 信。 (※“写 信”：手紙を書く)
Jīntiān wǒ gěi tā xiě xìn.

日本語：

チャレンジ！ 先生のあとについて発音し、日本語で表現してみよう。

(2) 他 **给** 我们 介绍了 一下儿 这个 大学 的 情况。
Tā gěi wǒmen jièshàole yíxiàr zhège dàxué de qíngkuàng.

日本語：

(3) **给** 我 看看。
Gěi wǒ kànkan.

日本語：

♪ C36

[3] 補語⑤ （A ＋ V “给”＋ B（＋ O）：AガBニ（＋ Oヲ）Vスル）（➢ 第 17 課本文）

母亲节　那　天，　我　送**给**　妈妈　一　束　鲜花。
Mǔqīnjié　nà　tiān,　wǒ　sònggěi　māma　yí　shù　xiānhuā.
（母の日に、私は母に花束をプレゼントします。）

♪ C37

トライ！　**先生のあとについて発音し、日本語で表現してみましょう。**

（1）这　本　书　借**给**　我　看看　吧。　（※ “**借**”：貸す）
Zhè　běn　shū　jiègěi　wǒ　kànkan　ba.

日本語：

チャレンジ！　**先生のあとについて発音し、日本語で表現してみよう。**

（2）这　封　信　寄**给**　她　吧。　（※ “**封**”：手紙の数え方、“**信**”：手紙、“**寄**”：郵便で送る）
Zhè　fēng　xìn　jìgěi　tā　ba.

日本語：

♪ C38

2 前置詞⑫ “把 (bǎ)”（“把”＋ N ＋ V：NヲVスル）

我　已经　**把**　生日　蛋糕　买好　了。（私はすでにバースデーケーキをちゃんと買いました。）
Wǒ　yǐjing　bǎ　shēngrì　dàngāo　mǎihǎo　le.

♪ C39

トライ！　**先生のあとについて発音し、日本語で表現してみよう。**

（1）我　**把**　我　的　地址　写好　了。　（※ “**地址**”：住所、“**写好**”：ちゃんと書く）
Wǒ　bǎ　wǒ　de　dìzhǐ　xiěhǎo　le.

日本語：

チャレンジ！　**先生のあとについて発音し、日本語で表現してみよう。**

（2）我　**把**　雨伞　忘在　电车上　了。（※ “**雨伞**”：あまがさ、“**电车上**”：電車（の中））
Wǒ　bǎ　yǔsǎn　wàngzài　diànchēshang　le.

日本語：

（3）请　**把**　这　封　信　交给　他。　（※ “**交**”：渡す）
Qǐng　bǎ　zhè　fēng　xìn　jiāogěi　tā.

日本語：

♪ C40

3 副詞⑧ “不要 (bú yào)”、“别 (bié)”（禁止の表現）

[1] 你 **不 要** 担心。（心配は要りません。）
Nǐ bú yào dānxīn.

[2] 你们 **别** 说 话 了。（話をしないでください。）（➢ 第 17 課本文）
Nǐmen bié shuō huà le.

♪ C41

トライ！ 先生のあとについて発音し、日本語で表現してみよう。

（1） 你 **不 要** 客气。 （※“**客气**”：遠慮する）
Nǐ bú yào kèqi.

日本語：

チャレンジ！ 先生のあとについて発音し、日本語で表現してみよう。

（2） **别** 着急。 （※“**着急**”：慌てる）
Bié zháojí.

日本語：

♪ C42

4 接続詞④（呼応関係のあるもの）

[1] **“虽然 (suīrán) ～，还是 (háishi) ／但(是)(dàn(shi))…”**
（～だけれども、やはり／しかし…だ）

这 件 旗袍 **虽然** 有点儿 贵，我 **还是** 买 了。（➢ 第 11 課本文）
Zhè jiàn qípáo suīrán yǒudiǎnr guì, wǒ háishi mǎi le.
（このチャイナドレスは少し高いけど、わたしはやはり買いました。）

我 **虽然** 很 想 去 旅游，**但(是)** 现在 没有 时间。（➢ 第 17 課本文）
Wǒ suīrán hěn xiǎng qù lǚyóu, dàn(shi) xiànzài méiyou shíjiān.
（私はとても旅行に行きたいけど、ただし今は時間がありません。）

[2] **“不但～，还…”**（～だけでなく、さらに…だ）（➢ 第 12 課本文）
孙 国伟 **不但** 会 拉 二胡，**还** 会 唱 京剧。
Sūn Guówěi búdàn huì lā èrhú, hái huì chàng Jīngjù.
（孫国偉さんは胡弓を弾くことができるだけでなく、さらに京劇を歌うこともできます。）

[3] **“要是 (yàoshi) ～(的 话 (de huà))，就 (jiù)…”**（もし～なら、（その場合には）…だ）
明天 **要是** 天气 好 **(的 话)**，我 **就** 去 玩儿。
Míngtiān yàoshi tiānqì hǎo (de huà), wǒ jiù qù wánr.
（もし明日天気が良いなら、私は遊びに行きます。）

♪ C43

本文 林红的生日 （林紅さんの誕生日）
Lín Hóng de shēngrì

—渡辺さんたちが林紅さんの誕生日祝いの相談をしています—

今天 是 林 红 的 生日。 昨天 她 **给** 我 和
Jīntiān shì Lín Hóng de shēngrì. Zuótiān tā gěi wǒ hé

高桥 打 电话，叫 我们 今天 去 她 家，和 她 一起
Gāoqiáo dǎ diànhuà, jiào wǒmen jīntiān qù tā jiā, hé tā yìqǐ

过 生日。林 红 已经 **把** 她 家 的 地址 发**给** 我们
guò shēngrì. Lín Hóng yǐjing bǎ tā jiā de dìzhǐ fāgěi wǒmen

了。高桥 说，我们 有 手机 导航，一定 会
le. Gāoqiáo shuō, wǒmen yǒu shǒujī dǎoháng, yídìng huì

找到 林 红 家 的。
zhǎodào Lín Hóng jiā de.

虽然 林 红 叫 我们 **别** 买 礼物，**但** 我们
Suīrán Lín Hóng jiào wǒmen bié mǎi lǐwù, dàn wǒmen

还是 打算 买 一个 蛋糕 和 一 束 鲜花 送**给** 她。
háishi dǎsuan mǎi yíge dàngāo hé yí shù xiānhuā sònggěi tā.

【注】

叫 前置詞 言いつけ使役 第 16 課ポ1-[2]
过 動詞 過ごす
过生日：誕生日のお祝いをする
已经 副詞 すでに
地址 名詞 住所
发 動詞 （メールなどを）送る
手机 名詞 スマホ
导航 名詞 ナビ
一定 副詞 きっと、必ず
会 助動詞 違いない 第 12 課ポ1-[2]
找到 結果補語 見つける、見つかる 第 15 課ポ1
的 語気助詞 第 14 課ポ3-[3]

ブラッシュアップ！ **本文を日本語で表現してみよう。**

〈中国の SNS “微信 Wēixìn” と “微博 Wēibó”〉

“微信（WeChat ＝ウイーチャット）”：2011 年に中国でサービスを開始した大人気アプリです。一言で言うと「中国版 LINE」ですが、その機能は、チャットはもちろん、ショッピング、オンライン・オフライン決済、税金申請、オンライン診療など、あらゆるサービスがアプリ内で完結します。世界 200 を超える国や地域をカバーする、中国のウエブインフラの１つです。

“微博（ウエイボー）”：2009 年に開始された中国最大のソーシャル・メディア・プラットフォームです。140 字の字数制限があり、「中国版 Twitter」と言われています。ユーザーは 7 億人以上。中国の多数の著名人がアカウントを持っているので、中国のあらゆる情報が発信されます。ちなみに日本でもこのアカウントも持っている芸能人がいます。

第18课
Dì shíbā kè

表現のポイントと〈エクササイズ〉

♪ C44

1 補語⑥—可能補語 （（したいと願望して）できる／できない）

（第15課ポイント1参照）

[1] 肯定型→V＋得＋補語：看得完 吃得惯 听得懂 学得好 找得到 记得住
kàndewán chīdeguàn tīngdedǒng xuédehǎo zhǎodedào jìdezhù

[2] 否定型→V＋不＋補語：看不完 吃不惯 听不懂 学不好 找不到 记不住
kànbuwán chībuguàn tīngbudǒng xuébuhǎo zhǎobudào jìbuzhù

这 本 小说 你 今天 看得完 吗? —— 看得完。 / 看不完。
Zhè běn xiǎoshuō nǐ jīntiān kàndewán ma? Kàndewán. Kànbuwán.

这 本 小说 你 今天 看得完 看不完? —— 看得完。 / 看不完。
Zhè běn xiǎoshuō nǐ jīntiān kàndewán kànbuwán? Kàndewán. Kànbuwán.
（この小説はあなたは今日読み終えることができますか。） （できます。） （できません。）

♪ C45

トライ！ 先生のあとについて発音し、日本語で表現してみよう。

(1) 你 再 找找, 一定 找得到。 （※“再”：もう一度、“找”：捜す）
Nǐ zài zhǎozhao, yídìng zhǎodedào.

日本語：

チャレンジ！ 先生のあとについて発音し、日本語で表現してみよう。

(2) 朋友 的 手机 号码 我 都 记不住。 （※“号码”：番号）
Péngyou de shǒujī hàomǎ wǒ dōu jìbuzhù.

日本語：

♪ C46

2 補語⑦—程度補語＝高い程度を表す補語 （形容詞 ＋“极了”/“得很”/“得多”）

那个 图书馆 外国 杂志 多 **极了！** （あの図書館は外国の雑誌がすごく多いです。）
Nàge túshūguǎn wàiguó zázhì duō jíle!

♪ C47

トライ！ 先生のあとについて発音し、日本語で表現してみよう。

(1) 听说 他 马上 来 日本, 我们 都 高兴得 很。 （※“马上”：すぐに “高兴”：うれしい）
Tīngshuō tā mǎshang lái Rìběn, wǒmen dōu gāoxìngde hěn.

日本語：

チャレンジ！ 先生のあとについて発音し、日本語で表現してみよう。

(2) 北京 的 冬天 比 上海 冷得 多。
Běijīng de dōngtiān bǐ Shànghǎi lěngde duō.

日本語：

♪ C48

3 前置詞⑬ “被 (bèi)”、“让 (ràng)”、“叫 (jiào)” （受け身の文型）

（A ＋“被”/“叫”/“让”＋ B ＋ V：Aハ / ガ　Bニ　Vサレル）

[1] 汉堡包　**被**　哥哥　吃　了。（➢ 第 18 課本文）（ハンバーガーは兄に食べられました。）
Hànbǎobāo bèi gēge chī le.

[2] 他　**叫**　老师　批评　了。（彼は先生に叱られました。）
Tā jiào lǎoshī pīpíng le.

[3] 钱包　**让**　人　偷　了。（財布が誰かに盗まれました。）
Qiánbāo ràng rén tōu le.

♪ C49

トライ！ 先生のあとについて発音し、日本語で表現してみよう。

(1) 我　**被**　老师　表扬　了。　（※“**表扬**”：ほめる）
Wǒ bèi lǎoshī biǎoyáng le.

日本語：

チャレンジ！ 先生のあとについて発音し、日本語で表現してみよう。

(2) 我　的　电脑　**叫**　他　弄坏　了。　（※“**电脑**”：パソコン、“**弄坏**”：壊す）
Wǒ de diànnǎo jiào tā nònghuài le.

日本語：

(3) 小张　**让**　雨　淋湿　了。　（※‘**淋湿**’：びしょぬれになる）
Xiǎo-Zhāng ràng yǔ línshī le.

日本語：

4 補語⑧―方向補語 (2) 複合方向補語

	上 shàng	下 xià	进 jìn	出 chū	回 huí	过 guò	起 qǐ
V＋単純方向補語＋“来 lai”	**上来**	**下来**	**进来**	**出来**	**回来**	**过来**	**起来**
V＋単純方向補語＋“去 qu”	**上去**	**下去**	**进去**	**出去**	**回去**	**过去**	

♪ C50

具象義： 你们　站**起来**　吧。（立ち上がりなさい。）
Nǐmen zhànqilai ba.

派生義： 啊，我　想**起来**　了。（あ、私は思い出しました。）（➢ 第 18 課本文）
À, wǒ xiǎngqilai le.

♪ C51

トライ！ 先生のあとについて発音し、日本語で表現してみよう。

(1) 老师　**走进**　教室　**来**了。　（※“**走进来**”：歩いて入ってくる）
Lǎoshī zǒujìn jiàoshì láile.

日本語：

チャレンジ！　先生のあとについて発音し、日本語で表現してみよう。

(2) 汉语　我　想　继续　**学下去**。　（※“继续”：継続する、“V下去”：Vし続ける）
Hànyǔ wǒ xiǎng jìxù xuéxiaqu.

日本語：

♪ C52

5 指示詞④ 「“这么 (zhème)”/ “那么 (nàme)”＋形容詞」

話し手から近い	話し手から遠い
这么 zhème	那么 nàme
こんなに　（そんなに）　あんなに	

[1] 我 第一次 看到 **这么** 美 的 景色。（私は初めてこんなに美しい景色を見ました。）
Wǒ dìyīcì kàndào zhème měi de jǐngsè.

[2] 我 没 想到 那儿 **那么** 冷。（私はあそこがあんなに寒いとは思いもしませんでした。）
Wǒ méi xiǎngdào nàr nàme lěng.

♪ C53

トライ！　先生のあとについて発音し、日本語で表現してみよう。

(1) 没　想到　你　包　的　饺子　**这么**　好吃。　（※“包饺子”：ギョウザを作る）
Méi xiǎngdào nǐ bāo de jiǎozi zhème hǎochī.

日本語：

♪ C54

6 自然現象の表現

下　雨	**下　雪**	**打　雷**	**刮　风**	**开　花**
xià yǔ	xià xuě	dǎ léi	guā fēng	kāi huā
（雨が降る）	（雪が降る）	（雷が鳴る）	（風が吹く）	（花が咲く）

♪ C55

トライ！　先生のあとについて発音し、日本語で表現してみよう。

(1) 公园里　**开着**　漂亮　的　**樱花**。　（※“樱花”：桜）
Gōngyuánli kāizhe piàoliang de yīnghuā.

日本語：

チャレンジ！　先生のあとについて発音し、日本語で表現してみよう。

(2) 外面　**下起**　**雨**　来　了。
Wàimian xiàqǐ yǔ lái le.

日本語：

♪ C56

本文 高兴极了！ （すごくうれしいです！）

Gāoxìng jíle!

―渡辺さんと高橋さんが林紅さんの家でとても楽しく過ごしました―

导航 结束了，可是 我们 还是 **找不到** 林 红
Dǎoháng jiéshùle, kěshi wǒmen háishi zhǎobudào Lín Hóng

家。正好 孙 国伟 打 电话 来 说 他 已经 到了，
jiā. Zhènghǎo Sūn Guówěi dǎ diànhuà lái shuō tā yǐjing dàole,

我们 就 叫 他 来 接 我们。
wǒmen jiù jiào tā lái jiē wǒmen.

刚 走进 林 红 家，外面 就 **下起 雨 来** 了。
Gāng zǒujìn Lín Hóng jiā, wàimian jiù xiàqǐ yǔ lái le.

孙 国伟 说：“你们 运气 真 好！”
Sūn Guówěi shuō: “Nǐmen yùnqi zhēn hǎo!”

我们 吃了 蛋糕，还 吃了 林 红 妈妈 包 的
Wǒmen chīle dàngāo, hái chīle Lín Hóng māma bāo de

水饺。我 对 他们 说：“我 第一次 吃到 **这么** 好吃
shuǐjiǎo. Wǒ duì tāmen shuō: “Wǒ dìyīcì chīdào zhème hǎochī

的 水饺！”林 红 的 家人 都 夸 我 中文 说得
de shuǐjiǎo!” Lín Hóng de jiārén dōu kuā wǒ Zhōngwén shuōde

好。**被** 他们 表扬，我 高兴 **极了！**
hǎo. Bèi tāmen biǎoyáng, wǒ gāoxìng jíle!

【注】

结束 [動詞] 終わる
可是 [接続詞] しかし
第15課ポ3-[3]
正好 [副詞] 都合よく
来 [方向補語] 第15課ポ2
叫 [前置詞] 言いつけ使役
第16課ポ1-[2]
接 [動詞] 迎える

刚～ [副詞] ～したばかり
进 [方向補語] 第15課ポ2
就 [副詞] 第16課ポ5
运气 [名詞] 運
真 [副詞] 本当に
第5課ポ2-[2]
还 [副詞] さらに
第9課ポ3

对 [前置詞] 第16課ポ2
到 [結果補語] 第15課ポ1

家人 [名詞] 家族
得 [様態補語] 第12課ポ4
夸 [動詞] ほめる
第15課《まとめ②》

ブラッシュアップ！ **本文を日本語で表現してみよう。**

補　充

①　指示詞（这、那、哪）のまとめ

<table>
<tr><th colspan="3"></th><th>“这”系</th><th>“那”系</th><th colspan="2">“哪”系</th></tr>
<tr><td rowspan="3">事物</td><td colspan="2">連体修飾語</td><td>这个 zhège
この（その）</td><td>那个 nà(ge)
（その）あの</td><td rowspan="3">哪个
nǎge</td><td>どの</td></tr>
<tr><td rowspan="2">代名詞</td><td>主題</td><td>这（个）zhè(ge)
これ（それ）</td><td>那（个）nà(ge)
（それ）あれ</td><td rowspan="2">どれ</td></tr>
<tr><td>その他</td><td>这个 zhège
これ（それ）</td><td>那个 nàge
（それ）あれ</td></tr>
<tr><td>場所</td><td colspan="2">代名詞</td><td>这儿 zhèr, 这里 zhèli
ここ（そこ）</td><td>那儿 nàr, 那里 nàli
（そこ）あそこ</td><td colspan="2">哪儿 nǎr, 哪里 nǎli
どこ</td></tr>
<tr><td>方角</td><td colspan="2">代名詞</td><td>这边 zhèbian
こちら（そちら）</td><td>那边 nàbian
（そちら）あちら</td><td colspan="2">哪边 nǎbian
どちら</td></tr>
<tr><td rowspan="2">状態</td><td colspan="2">代名詞</td><td>这样 zhèyàng
このようだ
（そのようだ）</td><td>那样 nàyàng
（そのようだ）
あのようだ</td><td colspan="2">哪样 nǎyàng
どのようか</td></tr>
<tr><td colspan="2">連用修飾語</td><td>このように
（そのように）</td><td>（そのように）
あのように</td><td colspan="2">どのように</td></tr>
<tr><td>程度</td><td colspan="2">連用修飾語</td><td>这么 zhème
こんなに
（そんなに）</td><td>那么 nàme
（そんなに）
あんなに</td><td colspan="2">————</td></tr>
</table>

②　疑問詞のまとめ

1．谁（shéi）…………………………………………………… だれ
2．什么（shénme）…………………………………………… なに
　　什么时候（shénme shíhou）…………………………… いつ
　　什么地方（shénme dìfang）…………………………… どこ
　　为什么（wèi shénme）………………………………… なぜ
3．哪（nǎ）……………………………………………………… どの、どれ
　　哪儿（nǎr）、哪里（nǎli）…………………………… どこ
4．怎么（zěnme）……………………………………………… どう
　　怎么样（zěnmeyàng）………………………………… どのよう
5．几（jǐ）……………………………（10 前後の数を予想して）いくつ
6．多少（duōshao）…………………………………………… いくつ、どれだけ

③　補語のまとめ

1．結果補語（第 15 課ポ[1]）	看完（読み終わる）、写错（書き間違える）
2．方向補語	
2-1　単純方向補語（第 15 課ポ[2]）	走进（歩いて入る）　爱上（好きになる）
2-2　複合方向補語（第 18 課ポ[4]）	站起来（立ち上がる）　学下去（学び続ける）
3．程度補語（第 18 課ポ[2]）	多极了（すごく多い）
4．“得”補語	
4-1　様態補語（第 12 課ポ[4]）	走得很快（歩くのが早い）
	走得不快（歩くのが遅い）
4-2　可能補語（第 18 課ポ[1]）	看得完（読み終えることができる）
	看不完（読み終えることができない）
4-3　程度補語（第 18 課ポ[2]）	高兴得很（すごくうれしい）
	冷得多（すごく寒い）

語彙・語句索引

1．本書の第1課以降に収録の語彙と語句をピンイン順に配列する。
2．数字は課と参照箇所を示す。
3．四角で囲んだ数字は、その課の「表現のポイント」の番号を示す。
4．「エク」はエクササイズ内の「トライ」と「チャレンジ」を指す。
5．「語句」は、【語句1】～【語句11】の項目を示す。

O

P

Q

R

S

shūcài	蔬菜	6	[5]エク
shǔjià	暑假	6	[2]エク
shù	束	17	[1]
shùxué	数学	8	本文
shuākǎ	刷卡	11	[2]
shuāng	双	4	語句 4
shuǐjiǎo	水饺	16	本文
shuǐpíng	水平	10	[3]エク
shuì	睡	13	[1]
shuìjiào	睡觉	8	[1]エク
shuō	说	5	本文
sì	四	1	語句 2
sòng	送	17	[1]
suīrán	虽然	11	本文
suì	岁	5	[3]エク
Sūn	孙(姓)	1	[3]エク

T

tā	他	1	語句 1
tāmen	他们	1	語句 1
tā	她	1	語句 1
tāmen	她们	1	語句 1
tā	它	1	語句 1
tāmen	它们	1	語句 1
tái	台	4	語句 4
Táibì	台币	11	語句 9
táicí	台词	15	[1]エク
tài	太	5	[2]
tǎng	躺	8	[1]エク
tǎng	躺	13	[2]
tèbie	特别	5	[2]
tiān	天	13	語句 10
tiānqì	天气	3	[5]
tiáo	条	4	語句 4
tiào	跳	9	[1]エク
tīng	听	3	[4]エク
tīngshuō	听说	12	[5]
tōu	偷	18	[3]
túshūguǎn	图书馆	1	[2]

W

wài	外	13	語句 11
wàibianr	外边儿	13	語句 11
wàigōng	外公	7	語句 6
wàiguó	外国	18	[2]
wàimian	外面	13	語句 11
wàipó	外婆	7	語句 6
wàizǔfù	外祖父	7	語句 6
wàizǔmǔ	外祖母	7	語句 6
wánr	玩儿	4	[2]エク
wánchéng	完成	14	[1]
wǎn	晚	16	[6]エク
wǎnshang	晚上	4	語句 3
wàn	万	11	語句 9
Wáng	王(姓)	12	[1]エク
Wángfǔjǐng	王府井	11	本文
wǎng	往	13	[5]
wàng	忘	17	[2]エク
wèi	位	4	語句 4
wèi shénme	为什么	2	[5]
wénhuà	文化	2	[5]
wénxué	文学	2	本文
wèn	问	7	[3]
wènhǎo	问好	13	[5]エク
wènlù	问路	13	[5]
wǒ	我	1	語句 1
wǒmen	我们	1	語句 1
wūlóngchá	乌龙茶	4	[4]エク
wǔ	舞	9	[1]エク
wǔ	五	1	語句 2
wǔfàn	午饭	8	[1]エク

X

xī yān	吸烟	11	[2]
xī	西	13	語句 11
Xī'ān	西安	8	[1]エク
xībianr	西边儿	13	語句 11
xīmian	西面	13	語句 11
xīwàng	希望(動詞)	8	[3]エク
xīwàng	希望(名詞)	8	[3]エク
xǐhuan	喜欢	2	[3]エク
xià	下	13	語句 11
xià	下(方向補語)	15	[2]
xiàbianr	下边儿	13	語句 11
xià cì	下次	9	語句 7
xià(ge) xīngqī	下(个)星期	9	語句 7
xià(ge) xīngqī sān	下(个)星期三	9	語句 7
xiàge yuè	下个月	9	語句 7
xiàge zhōumò	下个周末	9	語句 7
xiàmian	下面	13	語句 11
xiàwǔ	下午	4	語句 3
xià xuě	下雪	18	[6]
xià yǔ	下雨	18	[6]
xiàtiān	夏天	5	語句 5
xiān	先	11	本文
xiānhuā	鲜花	17	[1]
xiànmù	羡慕	7	本文
xiànzài	现在	6	[1]エク
xiāngdāngyú	相当于	11	本文
xiǎng	想	5	[5]
xiàng	向	13	[5]
xiǎolóngbāo	小笼包	16	本文
xiǎoshí	小时	13	語句 10
xiǎoshuō	小说	10	[4]エク
xiào	笑	13	[2]
xiàoyuán	校园	3	[1]エク
xiě	写	10	[5]
xièxie	谢谢	3	[5]エク
xìn	信	17	[1]エク
xīngqī	星期	13	語句 10
xīngqī èr	星期二	5	語句 5
xīngqī liù	星期六	5	語句 5
xīngqī rì	星期日	5	語句 5
xīngqī sān	星期三	5	語句 5
xīngqī sì	星期四	5	語句 5
xīngqī tiān	星期天	5	語句 5
xīngqī wǔ	星期五	5	語句 5
xīngqī yī	星期一	5	語句 5
xīngfèn	兴奋	16	[1]エク
xíng	行	11	[2]
xíngli	行李	10	[6]エク
xìng	姓	1	[3]
xìngqù	兴趣	9	本文
xiōngdìjiěmèi	兄弟姐妹	7	[1]
xiūxi	休息	8	[1]エク
xuésheng	学生	1	[2]エク
xuéshēngshítáng	学生食堂	8	[1]エク
xuéxí	学习	2	[1]
xuě	雪	18	[6]

Y

Z

著者略歴

村松恵子　名古屋大学文学研究科博士課程後期課程修了（文学博士）
名城大学経営学部教授
専門—現代中国語学、日中対照言語学

謝　平　名古屋大学国際言語文化研究科博士課程後期課程修了（文学博士）
福岡大学人文学部准教授
専門—現代中国語学文法

音声DL　表紙デザイン：宇佐美佳子

中国語入門から初級の 基礎力養成講座　講読編
エクササイズで力をつけよう

2023年 3 月30日　初版発行
2023年10月 5 日　第2刷発行

著　者　村松恵子・謝　平
発行者　佐藤和幸
発行所　白 帝 社
〒171-0014　東京都豊島区池袋2-65-1
電話　03-3986-3271
FAX　03-3986-3272(営)／03-3986-8892(編)
info@hakuteisha.co.jp
https://www.hakuteisha.co.jp

組版・印刷　倉敷印刷(株)　製本　(株)ティーケー出版印刷

Printed in Japan〈検印省略〉6914　ISBN978-4-86398-544-5
＊定価は表紙に表示してあります

中国全図

乌鲁木齐
Wūlǔmùqí
新疆维吾尔自治区
Xīnjiāng Wéiwú'ěr Zìzhìqū
甘肃省
Gānsù Shěng
宁夏回族自治区
Níngxià Huízú Zìzhìqū
银川
Yínchuān
青海省
Qīnghǎi Shěng
西宁
Xīníng
兰州
Lánzhōu
西藏自治区
Xīzàng Zìzhìqū
拉萨
Lāsà
四川省
Sìchuān Shěng
成都
Chéngdū
贵州省
Guìzhōu Shěng
贵阳
Guìyáng
云南省
Yúnnán Shěng
昆明
Kūnmíng

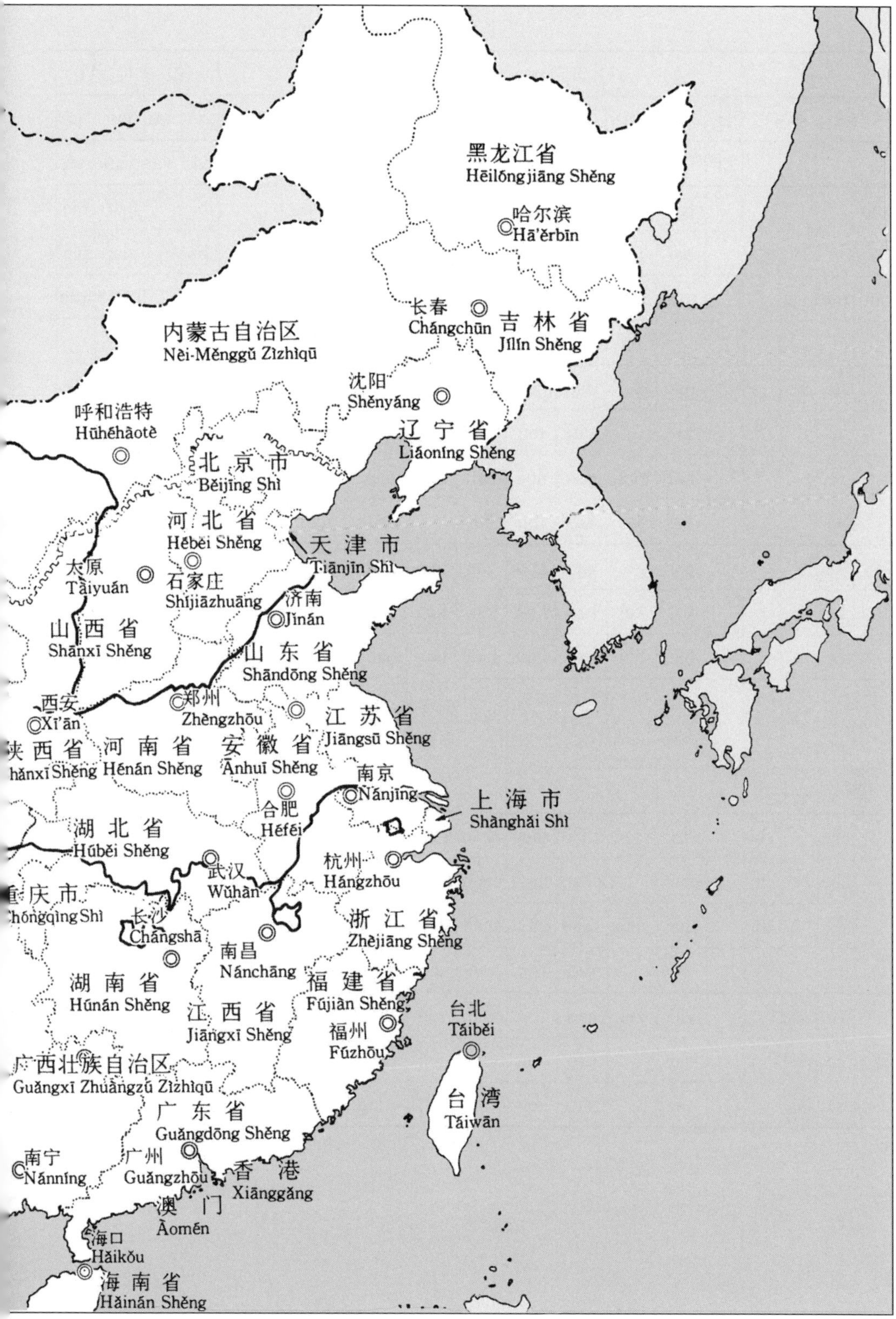
黑龙江省
Hēilōngjiāng Shěng
哈尔滨
Hā'ěrbīn
长春
Chángchūn
吉林省
Jílín Shěng
内蒙古自治区
Nèi-Měnggǔ Zìzhìqū
沈阳
Shěnyáng
呼和浩特
Hūhéhàotè
辽宁省
Liáoníng Shěng
北京市
Běijīng Shì
河北省
Héběi Shěng
天津市
Tiānjīn Shì
太原
Tàiyuán
石家庄
Shíjiāzhuāng
济南
Jǐnán
山西省
Shānxī Shěng
山东省
Shāndōng Shěng
西安
Xī'ān
郑州
Zhèngzhōu
江苏省
Jiāngsū Shěng
西省
hǎnxī Shěng
河南省
Hénán Shěng
安徽省
Ānhuī Shěng
南京
Nánjīng
合肥
Héféi
上海市
Shànghǎi Shì
湖北省
Húběi Shěng
武汉
Wǔhàn
杭州
Hángzhōu
庆市
hóngqìng Shì
长沙
Chángshā
浙江省
Zhèjiāng Shěng
南昌
Nánchāng
湖南省
Húnán Shěng
福建省
Fújiàn Shěng
江西省
Jiāngxī Shěng
台北
Táiběi
福州
Fúzhōu
广西壮族自治区
Guǎngxī Zhuàngzú Zìzhìqū
台湾
Táiwān
广东省
Guǎngdōng Shěng
南宁
Nánníng
广州
Guǎngzhōu
香港
Xiānggǎng
澳门
Àomén
海口
Hǎikǒu
海南省
Hǎinán Shěng

中国語音節全表

	韻母／声母	(1) 介母 ϕ															(2) 介母 = i			
		a	o	e	-i		er	ai	ei	ao	ou	an	en	ang	eng	ong	i	ia	iao	ie
	ϕ	a	o	e			er	ai	ei	ao	ou	an	en	ang	eng		yi	ya	yao	ye
①	b	ba	bo					bai	bei	bao		ban	ben	bang	beng		bi		biao	bie
	p	pa	po					pai	pei	pao	pou	pan	pen	pang	peng		pi		piao	pie
	m	ma	mo	me				mai	mei	mao	mou	man	men	mang	meng		mi		miao	mie
	f	fa	fo						fei		fou	fan	fen	fang	feng					
②	d	da		de				dai	dei	dao	dou	dan	den	dang	deng	dong	di		diao	die
	t	ta		te				tai		tao	tou	tan		tang	teng	tong	ti		tiao	tie
	n	na		ne				nai	nei	nao	nou	nan	nen	nang	neng	nong	ni		niao	nie
	l	la		le				lai	lei	lao	lou	lan		lang	leng	long	li	lia	liao	lie
③	g	ga		ge				gai	gei	gao	gou	gan	gen	gang	geng	gong				
	k	ka		ke				kai	kei	kao	kou	kan	ken	kang	keng	kong				
	h	ha		he				hai	hei	hao	hou	han	hen	hang	heng	hong				
④	j																ji	jia	jiao	jie
	q																qi	qia	qiao	qie
	x																xi	xia	xiao	xie
⑤	zh	zha		zhe		zhi		zhai	zhei	zhao	zhou	zhan	zhen	zhang	zheng	zhong				
	ch	cha		che		chi		chai		chao	chou	chan	chen	chang	cheng	chong				
	sh	sha		she		shi		shai	shei	shao	shou	shan	shen	shang	sheng					
	r			re		ri				rao	rou	ran	ren	rang	reng	rong				
⑥	z	za		ze	zi			zai	zei	zao	zou	zan	zen	zang	zeng	zong				
	c	ca		ce	ci			cai		cao	cou	can	cen	cang	ceng	cong				
	s	sa		se	si			sai		sao	sou	san	sen	sang	seng	song				

(2) 介母 = i						(3) 介母 = u									(4) 介母 = ü			
iou	ian	in	iang	ing	iong	u	ua	uo	uai	uei	uan	uen	uang	ueng	ü	üe	üan	ün
you	yan	yin	yang	ying	yong	wu	wa	wo	wai	wei	wan	wen	wang	weng	yu	yue	yuan	yun
	bian	bin		bing		bu												
	pian	pin		ping		pu												
miu	mian	min		ming		mu												
						fu												
diu	dian			ding		du		duo		dui	duan	dun						
	tian			ting		tu		tuo		tui	tuan	tun						
niu	nian	nin	niang	ning		nu		nuo			nuan				nü	nüe		
liu	lian	lin	liang	ling		lu		luo			luan	lun			lü	lüe		
						gu	gua	guo	guai	gui	guan	gun	guang					
						ku	kua	kuo	kuai	kui	kuan	kun	kuang					
						hu	hua	huo	huai	hui	huan	hun	huang					
jiu	jian	jin	jiang	jing	jiong										ju	jue	juan	jun
qiu	qian	qin	qiang	qing	qiong										qu	que	quan	qun
xiu	xian	xin	xiang	xing	xiong										xu	xue	xuan	xun
						zhu	zhua	zhuo	zhuai	zhui	zhuan	zhun	zhuang					
						chu		chuo	chuai	chui	chuan	chun	chuang					
						shu	shua	shuo	shuai	shui	shuan	shun	shuang					
						ru	rua	ruo		rui	ruan	run						
						zu		zuo		zui	zuan	zun						
						cu		cuo		cui	cuan	cun						
						su		suo		sui	suan	sun						